캘리포니아 롤 & 스시

롤 전문 레스토랑 셰프들의 비법 따라잡기

prologue

화려하게 즐기는 한입의 예술 롤 & 스시

깔끔한 맛과 스타일로 세계인들의 사랑을 받는 퓨전 푸드, 롤 & 스시.

신선한 생선과 각종 채소, 과일과 치즈 등 다양한 재료가 한데 어우러진 롤은 모양도 예쁘고 맛도 좋아서 누구나 좋아하는 요리예요. 게다가 고단백, 저칼로리에 풍부한 영양과 스타일까지….

캘리포니아 롤은 미국 캘리포니아의 일식 요리사들에 의해 세계인들의 입맛에 맞춘 퓨전 요리로 처음 등장했어요. 이후에 뉴욕, 워싱턴 등 미국 전 지역으로 퍼지게 되었고 우리나라에는 1990년대 초반 유학생들의 입소문을 통해 들어왔지요. 처음에는 청담동 일대의 퓨전 레스토랑을 중심으로 조금씩 선보이다가, 퓨전 푸드가 유행하면서 롤만 전문적으로 취급하는 레스토랑이 생겨날 정도로 우리에게 친숙한 음식이 되었어요.

캘리포니아 롤은 소스를 다양하게 활용해 변화를 준 것이 특징이에요. 아보카도 같은 열대과일과 신선한 게살을 주재료로 한 캘리포니아 롤을 비롯해, 광어·연어·도미·참치·문어·새우 등 여러 가지 생선의 맛을 즐길 수 있는 스시 롤, 크림치즈와 훈제연어를 이용한 롤 등이 가장 대표적인 메뉴입니다. 이밖에도 튀김과 조림 등 다양하게 조리한 속재료와 새로운 소스 개발로 메뉴가 계속 업그레이드되어 왔지요.

아직까지도 집에서 직접 롤을 만들어 먹는 게 김밥이나 주먹밥을 만드는 것처럼 익숙하지는 않아요. 롤은 만들기가 어려울 거라는 생각 때문이죠. 이 책에서는 이러한 편견을 깨뜨리고, 고급 일식 레스토랑에서나 만날 수 있는 롤과 스시, 마끼 등을 가정에서도 즐길 수 있도록 우리나라 특급 셰프들이 갖고 있는 레시피를 모아 봤어요. 누구나 좋아하는 기본 메뉴는 물론 '스시 캘리포니아', '호면당', '무스쿠스' 등 전문 레스토랑의 인기 메뉴까지 셰프의 노하우를 통해 쉽고 재미있게 요리할 수 있을 거예요.

롤과 스시, 마끼로 특별한 한 끼 식사, 깔끔하고 정성스런 도시락을 준비해 보세요. 다양한 스타일의 56가지 레시피가 담긴 〈캘리포니아 롤 & 스시〉가 초보자도 따라 하기 쉽게 도와줄 거예요.

contents

- 004 프롤로그
- 010 롤 & 스시 기본 테크닉
- 012 활용도 높은 롤 소스
- 014 롤의 기본 스타일 5가지
- 016 무궁무진한 롤의 변신 아이디어
- 018 Q&A로 알아보는 시시콜콜 정보

part 1
누구나 좋아하는
기본 롤 & 스시

- 022 새우, 연어, 도미가 올려진 스시 파티 **캘리포니아 롤**
- 024 독특한 열대과일의 맛이 그대로 **아보카도 롤**
- 026 크림치즈 속으로 연어가 녹아들다 **크림치즈 연어 롤**
- 028 깨물면 바삭~ 그 안에는 통통한 새우 **바싹 새우튀김 롤**
- 030 달콤 짭짜름한 장어구이가 입안에서 살살 **장어 롤**
- 032 오징어가 바삭한 튀김옷 입고 등장 **오징어튀김 롤**
- 034 새콤한 파인애플과 담백한 홍게살의 조화 **크랩 롤**
- 035 통조림 참치와 마요네즈는 천생연분 **참치샐러드 롤**
- 036 골라 먹는 재미가 있다 **특선 초밥**
- 038 탱글탱글 맛과 영양의 결정체 **알 초밥**
- 040 입안에 착착 달라붙는 생새우 살 **생새우 초밥**
- 042 담백한 연어에 향긋한 사과 소스를 얹은 **연어 초밥**
- 044 쫄깃쫄깃, 씹을수록 고소한 **전복 초밥**
- 046 곁들이 국 4가지

part 2
맛도 모양도 특별한
스페셜 롤 & 스시

- 050 고소한 롤 위에 날치알이 톡톡 **라이언 킹**
- 052 아보카도로 감싼 크랩 롤 **오션 크랩**
- 054 달콤한 장어가 용으로 변신! **드래곤 롤**
- 056 살짝 구운 참치와 새우튀김의 만남 **화이트 드래곤 롤**
- 058 크림치즈는 연어를 좋아해 **마추픽추**
- 060 밥 대신 메밀국수로 만든 롤 **소바 장어 롤**
- 062 쫄깃한 가리비살이 들어 있는 **골든 브리지**
- 064 바삭한 오징어튀김과 화끈한 양념게맛살이 가득 **크레이지 롤**
- 066 5가지 회와 장어에 아보카도까지 **버터플라이 롤**
- 068 풍성해서 더욱 맛있다 **벨뷰 롤**
- 070 참치 뱃살로 만든 새콤달콤한 롤 **참치 롤**
- 072 폭탄이 터지듯 화끈한 맛 **다이너마이트 롤**
- 074 파인애플과 참치, 체다 치즈의 환상적 조화 **아일랜드 롤**
- 076 길~게 늘어나는 모차렐라 치즈 롤 **치즈 돈가스 롤**
- 078 갈아서 더욱 부드러운 아보카도의 맛 **미드나이트 선**
- 080 튀긴 감자채가 바삭바삭 **허니문 롤**
- 082 참치가 달콤하게 사르르 **참치스테이크 초밥**
- 084 자몽 속살 위에 쫀득한 흰 살 생선회 **자몽 스시**
- 086 롤과 스시로 센스 만점 도시락 싸기

part 3

셰프의 비법
전문 레스토랑 롤 & 스시

090 **스시 캘리포니아**
092 무지갯빛 7가지 스시의 맛 **레인보우 롤**
094 장어와 크림치즈로 장식한 물방울 모양 롤 **체리블로섬 롤**
096 붉은 참치 옷을 입은 담백한 맛의 롤 **루비 롤**
098 오렌지 빛 연어가 롤을 감쌌다 **알래스카 롤**
100 날치알이 촘촘히 박힌 롤 위에 해초 **스파이시 롤**
102 바삭한 김 안에 매콤한 스파이시 튜나가 가득 **매운 참치 마끼**
104 새우튀김과 나초치즈 소스의 진한 키스 **프렌치키스 롤**
105 치즈 소스가 뿌려진 고소한 장어 롤 **치지드래곤 롤**

106 **호면당**
108 칠리소스를 발라 오븐에 구운 롤 **반 스페셜**
110 열대의 열정과 달콤함을 담았다 **트로피컬 스페셜**
112 매운 참치가 빼곡~ 무순이 빼꼼~ **준 스페셜**
114 바삭한 튀김옷 속에 부드러운 크림치즈 **필라델피아 롤**
116 흑미 속 쫀득한 조갯살과 게살이 가득 **스캘럽 크랩 롤**
118 너무 예쁜 핑크빛 롤 **래디시 스페셜**
120 녹색홍합 튀김이 올라간 건강식 롤 **핫 그린 머슬 롤**
122 골라 먹는 재미가 있다 **모둠 사각스시**

124 **무스쿠스**
126 튀긴 고구마채가 올라가 고소한 **고구마채 롤**
128 채소로 만든 저칼로리 퓨전 초밥 **깻잎 초밥**
130 바삭한 양파링 위에 얹은 참치 초밥 **미니 덮밥**
132 통조림으로 만드는 간단 주먹밥 **참치마요 주먹밥**
134 예쁘고 앙증맞은 퓨전 연어 쌈 **연어 초밥**
136 신선한 채소가 듬뿍 담긴 월남쌈 **모둠채소 롤**
138 모차렐라 치즈와 블루베리를 얹은 퓨전 롤 **블루마운틴 롤**
140 레드와인의 향이 묻어나는 과일 초밥 **와인 배 초밥**
142 빨간 산딸기가 올라간 과일 스시 **산딸기 군함말이**

기본기를 익히면 요리가 쉬워져요

롤 & 스시 기본 테크닉

맛있는 롤과 스시를 만들기 위해서는 우선 밥이 맛있어야 해요.
밥의 질에 따라서 롤과 스시의 맛은 매우 달라진답니다.
밥 짓는 법부터 롤 예쁘게 마는 법, 초밥 쥐는 법까지 자세히 익혀 보세요.

technic 1 깔끔하게 롤 말기

1 **김 위에 밥 펴기** 김 위에 초밥을 꽉 차게 편다. 밥을 김보다 넓게 펼치면 롤을 말았을 때 김이 밖으로 보이지 않아 깔끔하다.

2 **재료 놓는 순서** 채 썬 채소나 날치알 등 흐트러지기 쉬운 재료는 밑에 가지런히 놓고 맨 위에 굵은 재료를 올려야 롤을 말 때 채 썬 재료가 우르르 쏟아지거나 흐트러지지 않는다. 와사비나 크림치즈가 들어갈 경우 제일 먼저 와사비나 크림치즈를 한 줄 바른다. 색색의 재료가 예쁘게 배합되도록 재료의 색감에 따라 놓는 순서를 결정하기도 한다.

3 **랩으로 김발 싸기** 랩은 롤을 만드는 데 있어서 빠지면 안 되는 중요한 소품이다. 김발을 통째로 랩으로 감싸서 사용하면 밥알이 김발이나 손에 달라붙지 않는다.

4 **손에 물 묻히기** 마른 손으로 롤을 말면 여기저기 밥알이 묻기 쉽다. 레몬 한 조각이나 식초 몇 방울 떨어뜨린 물을 손에 충분히 묻히고 롤을 말아야 깔끔하다.

5 **밥 펴서 뒤집기** 랩으로 감싼 김발 위에 김을 올리고 밥을 고르게 편 다음 뒤집어서, 밥이 아래로 향하고 김이 위를 향하도록 한다.

6 **끝 부분부터 잡아 말기** 김발을 위로 감아올린 후 몸 쪽으로 당기면서 앞으로 굴려 가며 만다. 롤을 말 때 손끝에 약간 힘을 주어야 모양이 잡힌다.

7 **물 묻힌 칼로 썰기** 칼질에 자신이 없다면 롤이 흐트러지지 않도록 랩을 씌운 상태에서 썰어도 좋다. 다만 잘린 랩 조각이 속으로 들어가지 않게 조심한다. 잘 드는 칼에 물을 묻혀서 써는 것이 요령. 썰 때는 한 번에 눌러 썰지 말고 앞뒤로 톱질하듯 칼질을 한다.

technic 2 능숙하게 초밥 만들기

1. **밥 뭉치기** 밥을 한 줌 떠서 한두 번 살짝 주물러 모양을 잡는다. 밥알 사이에 공기가 들어가 있어야 밥이 부드러우므로 밥을 너무 꼭꼭 주무르지 않는다. 초밥의 크기는 한입에 먹기 적당한 정도로 하고 생선과 초밥의 균형은 개인의 기호에 따라 조절한다. 밥을 고르게 뭉쳐 두었다가 하는 것이 손쉽다.
2. **손가락에 생선 올리기** 손바닥에는 열이 있어 날것을 상하게 할 수 있다. 손바닥 대신 왼손의 손가락을 조금 벌려서 손가락 위에 생선을 얹는다.
3. **와사비 바르기** 고추냉이라고도 불리는 와사비는 생와사비를 갈아 연한 녹색을 띠는 것이 좋다. 오른손 검지로 적당한 양만큼 찍어서 생선 중앙에 바른다.
4. **밥 다시 누르기** 와사비 바른 생선에 뭉쳐 둔 초밥을 얹고, 초밥 쥔 엄지손가락으로 중간 부분을 눌러 움푹 패도록 한다. 동시에 오른손의 엄지와 검지로는 초밥 양쪽 끝을 눌러 밥이 떨어지지 않도록 잘 매만진다.

technic 3 초밥용 밥, 맛있게 짓는 비결

1. **쌀 고르기** 롤이나 스시를 만드는 밥은 질면 안 된다. 고슬고슬한 밥을 지으려면 수분이 많은 햅쌀보다 1년 정도 된 묵은 쌀을 쓰는 것이 좋다. 그래야 배합초를 뿌렸을 때 질떡해지지 않는다.
2. **30분간 불리기** 너무 오래 물에 불리면 쌀알이 퍼질 수 있고, 불리는 시간이 너무 짧아도 밥이 딱딱할 수 있다. 30분 정도가 가장 적당하다.
3. **물의 양은 평소보다 1/3 적게** 물의 양은 평소 밥을 지을 때보다 1/3 정도 적게 잡는다. 보통 밥을 지을 때는 불린 쌀과 물의 양이 같지만, 롤과 스시용 밥을 지을 때는 불리지 않은 쌀과 양이 같아야 알맞다. 밥물을 잡을 때 청주를 몇 방울 떨어뜨리면 밥알에 탄력이 생기고 윤기가 돈다. 밥물에 다시마 한 조각을 담갔다가 꺼내도 좋다. 다시마물이 밥에 스며들어 훨씬 감칠맛이 난다.
4. **배합초 만들기** 배합초는 식초 : 설탕 : 소금의 비율이 3 : 2 : 1 정도가 적당한데, 단맛을 조금 줄여서 식초와 설탕의 비율을 2 : 1로 쓰기도 한다. 재료를 분량대로 섞어 설탕과 소금이 녹을 정도로 끓는 물에 중탕해서 쓴다. 배합초에 쓰이는 가장 좋은 식초는 환만 식초라고 불리는 쌀 식초다.
5. **배합초 섞기** 나무 그릇에 물을 조금 바르고 밥을 담은 다음, 나무 주걱을 세워 잡고 자르듯이 섞어야 밥알이 뭉개지지 않는다. 나무 도구를 쓰는 것은 나무가 수분을 흡수하기 때문이다.
6. **젖은 행주로 덮어 두기** 만들어진 초밥은 더 이상 마르지 않도록 나무 그릇의 한쪽에 모아 젖은 행주로 덮어 두고 사용한다.

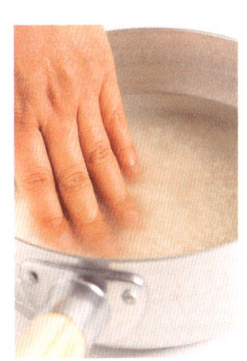

소스 한 가지로 맛이 확 달라져요

활용도 높은 롤 소스

캘리포니아 롤의 또 한 가지 특징은 다양한 롤 위에 뿌려 먹는 소스랍니다.
재료에 따라, 취향에 따라 어울리는 소스를 뿌려 보세요. 소스 하나로 롤이 몰라보게 달라져요.
다양한 종류의 롤에 쓰이는 대표적인 소스와 활용법을 알아볼까요?

새콤한 맛

상큼한 키위 소스

키위 1개, 마요네즈 2큰술, 파인애플 주스 1큰술, 양파 1/6개

만들기 키위와 양파를 먼저 믹서에 갈다가 마요네즈와 파인애플 주스를 분량대로 넣고 섞는다. 마요네즈의 양은 개인의 취향대로 조절할 수 있다.

활용하기 상큼한 맛이 치즈와 과일이 들어간 롤에 안성맞춤이다.

새콤달콤 사과 소스

사과 1/4개, 식초 1작은술, 마늘 1/2조각, 마요네즈 1작은술

만들기 사과를 깨끗이 씻어 1/4로 자르고 식초와 마늘, 마요네즈를 넣어 믹서에 함께 입자가 보일 정도로만 살짝 간다.

활용하기 채소 롤이나 와사비가 들어간 스시 롤에 뿌리면 음식의 맛을 업그레이드 시킨다. 마요네즈와 마늘이 들어 있어 베이글이나 바게트에 발라 먹어도 좋다.

입맛 당기는 우메보시 소스

우메보시 3개, 사과 1/2개, 당근·양파 1/4개씩, 올리브 오일 4큰술, 식초 1큰술

만들기 우메보시와 사과, 당근, 양파를 믹서에 넣고 간 다음 올리브 오일, 식초를 넣고 잘 섞는다.

활용하기 스시가 들어간 롤에 잘 어울린다. 우메보시는 살균 작용이 있어 생선회의 독성을 없애 준다. 회를 찍어 먹는 소스로 사용해도 좋다.

짭짤한 맛

달착지근 장어 소스

간장 4큰술, 설탕 1큰술, 물엿 1큰술, 맛술 2작은술, 생강 2~3조각

만들기 간장, 설탕, 물엿, 맛술을 분량대로 넣고 생강 2~3조각을 저며서 넣은 다음 약한 불에서 졸인다. 장어 소스가 완성되면 생강은 빼낸다.

활용하기 롤 재료로 쓰이는 장어구이의 양념장으로 일부 사용하고 나머지는 완성 롤에 뿌린다. 돈가스나 튀김 롤에 데리야키 소스 대신 이용해도 좋다.

새콤 짭짤 폰즈 소스

간장 2큰술, 다시마·가츠오부시 우린 물 1큰술, 식초 1큰술, 오렌지주스 1/2큰술, 설탕 1작은술, 청주·맛술 조금씩, 무즙 또는 송송 썬 실파 조금

만들기 끓인 물에 다시마와 가츠오부시를 담갔다가 건져내고 간장, 식초, 오렌지주스, 설탕을 분량대로 섞는다. 무즙이나 송송 썬 실파를 띄우기도 한다.

활용하기 샤부샤부나 튀김의 소스로 많이 이용되는데, 새우튀김을 넣고 만 롤에 끼얹으면 깔끔한 맛이 난다.

매콤한 맛

칼칼한 고추장 소스

고추장 1큰술, 마요네즈 3큰술, 설탕 2작은술, 콜라·참기름 조금씩

만들기 설탕을 따뜻하게 시럽을 만들어 다른 재료와 함께 빠르게 한 방향으로 섞는다.

활용하기 튀김이 들어간 롤이나 소스 발라 구운 롤 등에 뿌려 먹으면 느끼함이 줄어들고 맛이 깔끔하다. 생선회나 육류가 들어간 롤에도 잘 어울린다.

코끝이 찡~ 와사비 소스

와사비 1큰술, 마요네즈 2큰술, 양파 1/6개, 아보카도 1/6개

만들기 양파와 아보카도는 갈아서 준비하고 와사비와 마요네즈는 미리 섞어 두었다가 나머지 재료를 한데 넣고 잘 젓는다.

활용하기 캘리포니아 롤이나 김밥에 뿌려 먹으면 좋다. 아무런 특징이 없는 김밥도 와사비 소스를 한 줄 바르면 쌉쌀한 맛이 나 한결 맛있어진다.

화끈한 칠리 마요네즈 소스

칠리 소스 1큰술, 마요네즈 1큰술, 날치알 조금

만들기 마요네즈와 시중에서 파는 칠리 소스를 1:1의 비율로 넣고 잘 젓는다. 날치알을 조금 넣으면 톡톡 씹는 맛이 좋다.

활용하기 매번 똑같은 롤에 변화를 주고 싶을 때 이용한다. 칠리 소스의 매콤한 맛이 마요네즈의 느끼함을 줄여 주는 효과도 있다.

부드러운 맛

부드러운 아보카도 소스

아보카도 1/4개, 마요네즈 1큰술, 꼬마오이 피클 1/2개, 양파 1/5개, 설탕 조금

만들기 아보카도와 피클을 믹서에 함께 넣고 갈아서 롤에 직접 뿌리거나 접시에 따로 모양을 내서 올린다.

활용하기 연어, 참치, 도미 등의 생선이나 맛살 등이 들어간 롤에 잘 맞는다.

고소한 참깨 소스

볶은 통깨 1큰술, 후리가케 1작은술, 올리고당 1큰술, 마요네즈 1큰술, 혼다시 조금

만들기 재료들을 모두 넣고 잘 섞는다.

활용하기 장어구이나 돈가스, 튀김 등이 들어간 롤에 잘 어울린다. 주먹밥이나 초밥에 참깨 소스를 뿌려 먹어도 맛있다.

담백한 치즈 소스

파르메산 치즈가루 1큰술, 마요네즈 2큰술, 설탕 1/2큰술

만들기 마요네즈에 파르메산 치즈가루와 설탕을 한데 넣고 고루 섞는다.

활용하기 주로 연어가 들어간 롤에 이용된다. 롤 속에 한 줄 바르거나 연어로 감싼 롤 위에 살짝 끼얹는다. 파르메산 치즈가루 대신 크림치즈를 마요네즈와 1:1로 섞어서 만들기도 한다.

기본만 알면 얼마든지 응용할 수 있어요

롤의 기본 스타일 5가지

아메리칸 스타일의 롤은 큰 인기를 통해 가지각색의 메뉴가 생겨났지만, 그 모든 응용은 캘리포니아 롤, 스시 롤, 튀김 롤, 소스 롤, 치즈 롤의 다섯 가지 기본 유형에서 시작되었어요. 맛있는 롤 요리를 만들기 위해선 이 기본 스타일을 꼭 알아 두세요.

캘리포니아 롤

롤의 표면이 밥알로만 둘러싸인 가장 기본적인 유형이다. 김 위에 밥을 깔고 뒤집어서 롤을 말아 밥알이 바깥에 보이는 것이 특징이며, 누드김밥으로도 불린다. 안에 들어가 있는 재료에 따라 롤의 성격이 달라질 수 있는데, 보통 캘리포니아 롤이라고 부르는 것은 아보카도, 게살, 날치알 등이 들어 있는 것을 가리킨다. 롤을 썰어서 뉘어 놓은 다음 날치알을 얹거나 가츠오부시, 채 썬 채소, 덴가스 등을 올려 장식하는 것도 캘리포니아 롤을 화려하게 만드는 방법. 재료를 어떻게 응용하느냐에 따라서 무궁무진하게 변신이 가능하다.

스시 롤

기초적인 캘리포니아 롤 위에 각종 생선회를 올려 장식하거나, 생선회를 긴 막대 모양으로 썰어 롤 속에 넣고 만 롤을 가리킨다. 롤 표면에 생선회를 올릴 때는 한 종류만 올리기도 하고, 여러 종류의 생선회를 색깔 맞춰 올려서 썰기도 한다. 가장 대표적인 것이 스시 레인보우 롤인데, 기본 캘리포니아 롤 위에 각종 생선회와 아보카도 등을 올려 알록달록한 색을 낸다.
안에 들어가는 재료는 얼마든지 응용이 가능하다. 다만 회가 들어 있기 때문에 김 위에 와사비를 한 줄 바르고 재료를 올리는 것이 포인트다.

튀김 롤

일식에 자주 등장하는 튀김 요리를 이용한 롤. 롤 안에 튀김을 넣거나 위에 올려 바삭한 맛을 낸다. 롤에 넣는 튀김은 다른 튀김보다 튀김옷을 묽게 반죽해 튀김옷이 얇고 더 바삭한 것이 특징이다.
롤 요리에서 쓰는 튀김 종류는 새우나 오징어, 홍합 등의 해물을 이용한 튀김이다. 새우튀김은 롤 안에 넣고, 오징어튀김은 안에 넣거나 작게 잘라서 위에 올리기도 한다. 또 돈가스를 넣거나 롤 전체에 튀김옷을 입혀 튀기는 방법도 있다. 고소한 맛을 좋아한다면 튀김옷만을 기름에 튀겨낸 '덴가스'라는 튀김옷 부스러기를 사용한다.

치즈 롤

롤에 치즈가 들어가 깊고 풍부한 맛이 나는 롤. 서양인들의 입맛에 맞춰 와사비 대신 치즈를 넣었다. 크림치즈가 들어가는 롤에는 대부분 훈제연어가 들어 있는데, 연어만큼 크림치즈의 맛과 잘 맞는 생선도 없기 때문이다. 특히 크림치즈는 치즈 중에서도 향이 부드러워 다른 재료들과 무리 없이 어울린다.
치즈 롤은 와인과도 잘 어울린다. 치즈 롤에 가벼운 로제 와인이나 화이트와인을 곁들이면 최고의 궁합을 자랑한다.

소스 구이 롤

롤의 맛을 독특하게 만들어 주는 소스를 바른 뒤 그릴이나 오븐에서 한 번 구워낸 롤. 소스를 만드는 방법은 제각각 다르지만 대부분 마요네즈 베이스에 칠리 소스나 핫 소스, 날치알을 섞어서 이용한다. 소스 롤에는 아보카도와 게살, 오이 등이 들어간 기본 캘리포니아 롤이 사용된다. 완성된 롤을 썰어서 뉘어 놓은 다음, 다른 재료들(연어, 참치, 게살 등)을 올리고 소스를 발라 오븐에서 굽는다. 오븐 팬에 소스를 조금 바르고 롤을 올린 다음, 위에 더 발라서 구우면 맛이 한층 깊어진다.

스시

스시는 배합초로 간한 밥을 한입에 쏙 들어갈 만한 크기로 뭉쳐, 위에 와사비를 바르고 생선이나 여러 가지 것들을 올려놓은 것이다. 가장 기본형인 니기리 스시는 '맨손으로 쥔 초밥'이란 뜻을 가지고 있으며, 신선한 생선을 가장 많이 접할 수 있었던 도쿄에서 발전했다. 보통은 스시를 만들 때 밥을 세게 쥐어 만들지 않아, 스시를 먹을 때에 밥에 간장을 많이 찍으면 밥이 으스러지게 된다. 밥보다 생선 쪽에 찍어 먹는 것이 좋다.

마끼

알이나 무순, 채소 등을 넣고 김이나 다시마로 돌돌 말아 만든 초밥의 형태이다. 보통 김을 반으로 잘라 그 안에 배합초를 섞은 밥과 생선 알, 오이, 무순 등을 넣고 와사비를 바른 후 고깔 모양으로 돌려 말아 만든다. '마끼'라는 말은 일어로 '말다'라는 뜻이며 손말이 김밥이라고도 불린다. 안에 들어가는 재료에 따라 많은 변화를 줄 수 있고, 고소한 김 맛이 와사비간장과 잘 어울려 대부분의 사람들에게 인기가 좋다. 좀 더 바삭한 마끼를 만들려면 김을 구워서 쓰는 것이 좋고 밥은 너무 많이 넣지 않아야 한다.

다양한 재료를 활용하면 나만의 퓨전 롤을 만들 수 있어요

무궁무진한 롤의 변신 아이디어

김과 밥, 게맛살과 아보카도… 캘리포니아 롤은 정해진 공식이 있는 것이 아니에요.
재료를 바꾸어 변화를 시도해 보세요. 재료의 궁합만 잘 맞추면 새로운 맛의 창작 롤을 만들 수 있어요.
아이디어를 발휘하다 보면 자신만의 노하우가 생긴답니다.

idea 1 롤을 싸는 재료를 변화시킨다

라이스페이퍼 월남쌈이라고 불리는 라이스페이퍼를 김 대신 활용해 보자. 뜨거운 물에 잠깐 담가 부드럽게 만들면 안에 무엇이든 넣어 롤로 만들 수 있다. 다만 라이스페이퍼는 쉽게 찢어질 수 있으니 재료를 넣어 말 때 조심하고, 속 재료는 조금만 넣는 것이 좋다. 쌀국수를 삶아서 칠리소스에 버무려 롤을 말면 색다른 베트남식 롤이 된다.

소이 페이퍼 콩을 가공해서 얇은 종이처럼 만든 것으로 콩 단백질이 풍부해 김 대신 사용하면 고소하며 맛이 좋다. 특히 과일이 들어간 롤을 싸면 김보다 더욱 깔끔한 맛이 날 뿐만 아니라 부족한 식물성 단백질을 보충해 균형 있는 식사를 할 수 있다.

무 무를 얇게 깎아 롤을 말아도 된다. 무는 원통 모양으로 세 등분해 껍질을 벗기고 돌려가며 얇게 깎는다. 깎은 무를 김 1/2장 크기 정도로 잘라서 김 대신 말면 아삭한 롤이 된다. 비트로 물을 들여 예쁜 분홍색 무로 변신을 시도해 볼 수도 있다.

크레이프 김 대신 크레이프를 이용해 영양 많고 부드러운 롤을 만들 수 있다. 달걀 2개에 녹인 버터와 설탕을 조금씩 넣고 거품기로 저으면서 우유 1컵을 섞는다. 여기에 밀가루 1/2컵을 넣고 반죽을 하면 얇은 크레이프가 되는데 이것을 프라이팬에 부친다. 달걀 크레이프는 어떤 속 재료든 잘 어울린다.

깻잎 크기가 큰 깻잎을 골라 깨끗이 씻은 다음. 3~4장을 끝 부분이 겹치게 나란히 놓는다. 깻잎 위에 밥을 골고루 편 다음. 뒤집어서 재료들을 올려놓고 랩으로 싼 김발로 롤을 만다. 주로 생선회를 주재료로 한 롤에 어울리는데, 깻잎의 향이 진해서 생선회의 비릿한 맛을 꺼리는 이들의 입맛에 맞는다.

쇠고기 쇠고기를 얇고 넓적하게 저며서 롤을 말아도 새롭다. 저민 쇠고기를 불고기 양념에 잠시 재어 두었다가 밥을 펴고 롤을 말아 프라이팬에 통째로 굽는다. 쇠고기로 롤을 말 때는 롤 안에 채소를 넣는 것이 궁합이 맞는다.

idea 2 내용물을 변화시킨다

흑미와 잡곡 흑미와 백미를 반반씩 섞어 지은 밥으로 롤을 만들면 보기 좋은 보라색 롤이 된다. 밥 색깔이 어둡기 때문에 속 재료로 게살이나 흰 살 생선회 같은 밝은 색을 넣는 것이 포인트다. 특유의 고소하고 향긋한 향을 가진 흑미는 비타민 B군과, E가 백미보다 4배나 많고 콜레스테롤을 줄여 주는 작용을 해 건강에도 좋다. 흑미 외에도 현미, 조, 팥 등의 곡물을 섞어 롤을 만들면 그야말로 웰빙 롤이 된다.

완두콩 동글동글한 밝은 녹색의 완두콩을 백미와 섞어서 밥을 하거나 따로 삶아 롤 위에 콕콕 박아 장식하는 방법이 있다. 따로 삶는 것이 귀찮다면 밥물 위 한군데에 완두콩을 모아서 밥을 지어 사용할 수도 있다. 하얀 밥알만 겉으로 드러나는 것이 단조로워 보인다면 써 볼 만한 방법이다. 너무 큰 콩을 이용하면 보기에 좋지 않다.

idea 3 롤 표면에 입혀 변화시킨다

통깨·검은깨 대부분의 롤 전문점에서 롤을 장식할 때 쓰는 방법이다. 롤을 만들 때 김 위에 밥을 골고루 편 다음 통깨나 검은깨를 뿌리면 맛이 더욱 고소할 뿐만 아니라 모양도 좋다. 집에 있는 재료를 이용해 가장 간단하게 롤을 변신시킬 수 있다.

시리얼 시리얼을 이용해 색다른 롤을 만들 수도 있다. 달지 않은 시리얼을 잘게 부순 다음. 롤 위에 뿌리거나 부순 시리얼 위에서 롤을 굴린다. 튀김 요리를 할 때도 빵가루 대신 잘게 부순 시리얼을 묻혀서 튀기면 더욱 바삭한 튀김을 만들 수 있다.

덴가스 튀김가루를 얼음물로 반죽해 끓는 기름에 흩뿌려 튀겨내는 덴가스. 튀김 요리를 할 때 남는 반죽으로 만들면 요긴하게 쓸 수 있다. 고소한 덴가스를 랩 위에 펼치고 롤을 굴려 가며 묻힌 다음 랩으로 살짝 누르면 바삭한 맛의 튀김 롤이 만들어진다. 튀김을 넣고 만 롤이라면 롤 위에 덴가스를 뿌리는 것이 구색이 맞는다.

오보로 오보로는 삶은 생선살을 건조시켜 색소를 입힌 것으로 고운 분홍색 가루이다. 초밥에 오보로를 넣고 섞으면 분홍색 밥이 되는데 그 밥으로 롤을 말아도 좋고, 롤을 사각형이나 삼각형으로 만든 다음 한쪽 면에만 묻혀도 좋다.

무엇이든 물어보세요!

Q & A로 알아보는 시시콜콜 정보

롤을 말다가 재료가 옆으로 비어져 나왔을 때, 훈제연어 살점이 떨어졌을 때,
김의 어떤 면을 사용해야 하는지 잘 모를 때 등 롤과 스시를 만들며 궁금한 점들을 하나씩 짚어 봤어요.
실제 롤과 스시를 만들 때 꼭 필요한 정보랍니다.

Q 롤을 말다가 속재료가 옆으로 비어져 나왔어요.

A 재료를 너무 많이 넣으려고 욕심을 내다보면 롤을 둘러쌀 수 있는 김의 길이가 모자라서 속재료가 비어져 나오게 되지요. 이럴 때는 속에 있는 재료를 좀 빼내고 다시 말거나 밥을 덧붙여서 랩으로 둘러싸고 김발로 살살 눌러 주세요. 되도록이면 처음부터 재료를 너무 많이 넣지 않는 것이 좋아요. 그리고 김 위에 밥을 깐 다음 뒤집어서 재료를 넣을 때, 재료 넣는 곳 앞부분에 손으로 홈을 한 줄 파고 그곳에 재료를 넣어 말면 더 편리해요.

Q 훈제연어를 해동시켰더니 살점이 다 떨어져요.

A 훈제연어는 생선살의 결이 확실하게 나뉘어져 있기 때문에 얼었던 살이 녹으면 결대로 떨어지기 쉬워요. 구입할 때 한 장씩 포개져서 포장돼 있는 것을 고르고, 냉동된 연어는 실온에서 해동시키는 것보다 냉장고에 미리 넣어 두고 그 안에서 해동시키는 것이 더 좋습니다. 만약 살점이 모두 떨어져 버렸다면 롤 안에 넣거나, 차라리 살을 찢어서 양파와 다른 여러 가지 채소를 넣고 소스에 버무려 보세요. 지저분하지 않고 깔끔하게 요리할 수 있답니다.

Q 장어구이를 할 때 장어가 도르르 말려서 굽기가 힘들어요.

A 장어구이를 할 때 프라이팬에 통째로 구우면 껍질 부위가 오그라들어서 골고루 익히기 힘들지요. 그래서 장어구이는 석쇠에 굽는 것이 좋습니다. 그릴에 구울 때도 철망으로 양쪽을 눌러야 오그라들지 않는답니다. 손질할 때 등 쪽에 칼집을 넣는 것도 한 가지 방법이에요. 장어구이는 굽는 중간 중간에 양념을 자주 발라 주면 간이 잘 배어들어서 더욱 맛있어요.

Q 김에는 거친 면과 매끈한 면이 있는데 무엇이 다른가요?

A 김에는 거친 면과 매끈한 면이 있는데, 롤을 말 때는 거친 면에 밥을 놓아야 돼요. 그래야 뒤집었을 때 속재료를 올려놓는 면이 매끈해 롤이 깔끔합니다. 속재료는 대부분 물기가 있는 것이 많은데, 거친 면 위에 놓으면 물기 때문에 김 찌꺼기가 떨어지고 재료도 지저분해지기 쉬워요. 김밥을 말 때도 거친 면에 밥을 놓아야 말았을 때 깔끔합니다. 좋은 김은 색깔이 검고, 매끈한 면에서 광택이 나며 잡티가 없어요. 롤에 쓰는 김은 한 번 구워서 쓰는 것이 맛있어요.

Q 롤 위에 올리는 가츠오부시가 입맛에 맞지 않아요.

A 가츠오부시는 쪄서 말린 가다랑어를 대팻밥처럼 얇게 밀어 만든 것을 말합니다. 주로 국물을 낼 때 쓰고 부침이나 볶음, 무침에 양념처럼 넣거나 고명으로 올리기도 합니다. 가츠오부시는 약간 비린 맛이 있어서 우리나라 사람들 중에는 더러 이 맛을 싫어하는 사람들도 있어요. 이럴 때는 가츠오부시 대신 김을 써 보세요. 무침이나 볶음, 롤 위에 구운 김을 잘게 부숴 넣으면 대개 맛이 잘 어울립니다.

Q 회를 뜬 생선은 얼마나 숙성시키는 것이 좋은가요?
A 한국에서는 회는 무조건 신선한 것이 좋은 것이라고 생각하는 반면, 일본에서는 영하 18℃에서 일정 시간 동안 숙성시킨 것이 맛있다고 생각합니다. 생선마다 숙성 시간이 조금씩 다른데, 보통 흰 살 생선은 8시간, 붉은 살 생선은 4시간, 등 푸른 생선은 3시간 이상 숙성시켜야 제맛이 납니다. 따라서 활어회를 뜨자마자 먹는 것보다 얼음 위에 한동안 올려놓았다가 먹는 것이 감칠맛이 나지요. 하지만 실온에 오래 두면 상하기 쉬우니 상에 낼 때는 반드시 얼음 위에 올려놓도록 하세요.

Q 튀김을 더욱 바삭하게 튀기려면?
A 튀김은 기름 온도가 변하지 않아야 바삭해요. 온도를 일정하게 유지하려면 두꺼운 재질의 냄비를 쓰고, 기름은 냄비의 1/2 정도 넣는 것이 좋습니다. 그래야 열전달이 균일해서 빛깔도 좋고 고소하게 튀겨져요. 재료를 조금씩만 넣어 튀기는 것도 바삭하게 튀기는 비결입니다. 한 번에 많이 넣으면 기름의 온도가 내려가기 때문이죠. 튀김 온도는 튀김옷을 기름에 한 방울 떨어뜨렸을 때 냄비 바닥까지 가라앉았다가 떠오르는 때가 170℃, 표면에서 부드럽게 퍼지는 때가 180℃입니다. 채소는 160℃, 생선은 170℃, 고기는 180℃에서 튀기는 것이 가장 맛있어요.

Q 참치는 왜 색깔이 각각 다른가요?
A 참치는 크게 다랑어와 새치류로 구분이 됩니다. 참다랑어, 눈다랑어, 황새치 등이 우리가 먹고 있는 일반적인 참치 종류입니다. 다랑어류는 붉은빛을 띠며 담백한 맛 때문에 횟감은 물론 초밥에 많이 이용되고, 새치류는 우윳빛이나 흰빛을 띠는 것이 특징으로 탄력 있고 고소한 맛 때문에 횟감이나 회덮밥 등에 많이 사용됩니다. 부위에 따라서도 색깔이 구분되는데, 흰 살은 참치의 뱃살 부위로 지방질이 많은 대신 부드럽고 깊은 맛이 있으며, 붉은 살은 칼로리가 낮아 부담이 없답니다. 롤에는 붉은 살, 흰 살 두 가지가 모두 쓰이니 용도에 따라 선택하세요.

Q 초밥을 먹을 때는 왜 초생강과 함께 먹을까요?
A 생강에는 강력한 살균 작용이 있어서 식중독균을 소독해 주는 효과가 있어요. 그래서 생선회나 초밥에는 초생강이 빠지지 않는답니다. 초생강은 생선회의 맛을 상승시키는 효과도 있습니다. 모둠회를 먹을 때 이것저것 먹다보면 생선의 제맛을 느끼기 어려운데, 한 가지 생선을 먹고 나서 생강으로 입가심을 한 후 다른 생선을 먹는 것이 생선회의 제맛을 즐기는 비결입니다.

Q 아보카도 보관법과 고르는 법을 알려 주세요.
A 아보카도는 잘 익은 것이 고소하고 맛있어요. 딱딱하고 껍질이 검푸른 초록색을 띠는 것은 덜 익은 것이죠. 보통 상온에 두면 갈색 빛이 돌면서 완숙되는데 이때가 가장 부드럽고 맛있을 때입니다. 빨리 완숙시키고 싶으면 알루미늄 포일에 싸서 가스레인지 옆에 두거나 바나나와 함께 봉투에 두면 됩니다. 잘 익은 것은 껍질이 분리되는 느낌이 들고 조금만 비틀어도 저절로 껍질이 벗겨진답니다. 보관은 냉장고에서 3일까지 가능해요.

Roll & Sushi

누구나 좋아하는 기본 롤 & 스시

열대과일과 신선한 게살을 주재료로 한 캘리포니아 롤을 비롯해 광어, 연어, 도미 등 여러 가지 생선의 맛을 즐길 수 있는 스시, 크림치즈와 훈제연어를 이용한 롤 등 대표적인 기본 롤과 스시를 모았어요. 담백하고 고소한 맛이 누구에게나 인기예요

새우 · 연어 · 도미가 올려진 스시 파티 **캘리포니아 롤**

아보카도를 기본으로 새우, 연어, 도미까지 다양한 스시를 함께 맛볼 수 있는 콤비 롤.
모둠 회가 있다면 롤 위에 살짝 올려 보자. 술안주가 더 화려해지고 식사로도 안성맞춤이다.

재료

밥 1/2공기,
배합초(식초 2작은술,
설탕 1작은술, 소금 조금),
구운 김 1장,
초밥용 새우 · 훈제연어 ·
도미 3조각씩,
아보카도 1/5개, 무 10g,
간장 2작은술, 설탕 1작은술,
날치알 · 무순 ·
케이퍼 피클 조금씩,
와사비 · 머스터드소스 조금씩

게맛살 샐러드
게맛살 3줄,
셀러리 · 다진 양파 1/3컵씩,
마요네즈 1큰술

1 **무 절이기** 무를 작고 얇게 저며 썰어 간장과 설탕을 골고루 섞은 양념에 담가 달콤 짭짤하게 절인다.

2 **게맛살 샐러드 만들기** 셀러리, 양파는 다지고 게맛살은 손으로 잘게 찢은 다음, 마요네즈 1큰술을 넣어 버무린다.

3 **김 위에 밥 올리기** 식초에 설탕, 소금을 녹여서 만든 배합초를 뜨거운 밥에 조금씩 넣고 골고루 섞어 초밥을 만든다. 김발을 랩으로 싸서 그 위에 김을 펴고 초밥을 올려 골고루 펼친 다음 밥알이 아래로, 김이 위로 가도록 뒤집는다.

4 **재료 올려 말기** 김 위에 게맛살 샐러드를 길게 올리고 적당한 굵기로 썬 아보카도와 채 썬 절인 무를 길게 올려 둥글게 만다.

5 **썰어서 와사비 바르기** 말아 놓은 롤을 9등분으로 썰어서 롤 위에 각각 와사비를 조금씩 바른다.

6 **회 올리기** 와사비 위에 새우, 연어, 도미를 차례대로 올린다. 도미 위에는 무순과 날치알을, 연어 위에는 머스터드소스와 케이퍼 피클을 올린다. 마지막에 전체적으로 발사믹 소스를 뿌린다.

5

6

tip 와사비가 회를 고정시켜 줘요
롤 위에 와사비를 조금씩 바른 후 회를 올려놓으면 와사비가 접착제 역할을 해 잘 떨어지지 않아요. 회를 올려놓은 후 모양이 흐트러지지 않게 하려면 랩으로 감싸서 살살 뭉쳐 주세요. 연어는 살점이 잘 떨어지므로 되도록 손이 많이 가게 하지 마세요.

독특한 열대과일의 맛이 그대로 # 아보카도 롤

캘리포니아 롤의 기본이 되는 아보카도를 주재료로 해서 만든 깔끔한 맛의 롤.
새콤한 발사믹 소스와 톡톡 터지는 날치알이 입맛을 자극한다.

밥 1/2공기,
배합초(식초 2작은술,
설탕 1작은술, 소금 조금),
구운 김 1장, 아보카도 1/5개,
무 10g, 초밥용 새우 6개,
간장 2작은술, 설탕 1작은술,
무순·날치알 조금씩

샐러드
셀러리·다진 양파 1/3컵씩,
게맛살 2줄,
마요네즈 1큰술

발사믹 소스
발사믹 식초 1/4컵,
포도즙 또는 포도주스 1컵,
설탕 1큰술

1 **무 절이기** 무를 작고 얇게 저며 썰어 간장과 설탕을 골고루 섞은 양념에 담가 달콤 짭짤하게 절인다.

2 **샐러드 만들기** 셀러리, 양파는 잘게 다지고 게맛살은 손으로 잘게 찢은 다음, 마요네즈 1큰술을 넣어 잘 버무린다.

3 **발사믹 소스 만들기** 발사믹 소스 재료를 냄비에 담고 중간 불에서 반으로 줄어들 때까지 졸인다. 시중에서 파는 발사믹 소스를 이용해도 된다.

4 **김 위에 밥 올리기** 배합초를 뜨거운 밥에 조금씩 넣고 골고루 섞어 초밥을 만든다. 김발을 랩으로 싸서 그 위에 김을 펴고 초밥을 올려 골고루 펼친 다음 밥알이 아래로, 김이 위로 가도록 뒤집는다.

5 **재료 올리기** 밥알이 아래로, 김이 위로 가게 뒤집은 뒤, 그 위에 손가락 굵기로 썬 아보카도, 절인 무, 샐러드를 올린다.

6 **둥글게 말기** 재료가 흐트러지지 않도록 조심스럽게 손에 힘을 넣어 김발을 끌어당기듯이 둥글게 만다.

7 **썰어서 토핑하기** 완성된 롤을 1.5cm 간격으로 고르게 썰고 그 위에 초밥용 새우와 무순, 날치알을 올린다. 마지막에 발사믹 소스를 뿌려 장식한다.

2

5-1

5-2

tip **절인 무로 아삭한 맛을 살려요**
무를 얇게 저며 썰어 간장과 설탕을 2:1의 비율로 넣고 하룻밤 정도 재어 두면 아삭아삭하고 짭짤한 단무지가 됩니다. 절인 무가 들어가면 밥이 싱겁지 않고 감칠맛이 나지요. 따로 만들기 귀찮다면 시중에서 파는 노란색의 쪼글쪼글한 치자단무지를 넣어 보세요. 씹는 맛이 좋고 색깔이 한층 화려해진답니다.

크림치즈 속으로 연어가 녹아들다 # 크림치즈 연어 롤

훈제연어 특유의 향과 고소한 치즈의 맛이 조화를 이룬 롤.
칼로리가 높은 편이지만 그만큼 깊고 풍부한 맛이 난다. 치즈를 좋아하는 사람들에게 인기 만점.

재료

밥 1/2공기,
배합초(식초 2작은술,
설탕 1작은술, 소금 조금),
구운 김 1장, 훈제연어 4조각,
아보카도 1/6개, 크림치즈 1줄,
무 10g, 간장 2작은술,
설탕 1작은술,
날치알·와사비 조금씩

치즈 샐러드
셀러리·다진 양파 1/5컵씩,
치즈 소스·마요네즈 1작은술씩

치즈 소스
올리브오일 1작은술,
식초 1작은술,
파르메산 치즈가루 3큰술,
마요네즈 1/2컵,
레몬즙 1큰술

키위 소스
키위 2개, 마요네즈 1/2컵,
파인애플즙 1큰술,
양파즙 1큰술

1 **무 절이기** 무를 작고 얇게 저며 썰어 간장과 설탕을 골고루 섞은 양념에 담가 달콤 짭짤하게 절인다.

2 **치즈 소스·키위 소스 만들기** 분량의 치즈 소스 재료를 모두 섞어 소스를 만든다. 키위 소스 재료도 모두 섞어 만든다.

3 **연어 녹이기** 훈제연어는 실온에서 녹인 뒤 냅킨으로 기름기를 흡수시킨다.

4 **치즈 샐러드 만들기** 다진 셀러리와 양파는 치즈 소스 1작은술과 마요네즈 1작은술을 넣고 버무린다.

5 **김 위에 밥 올리기** 배합초를 뜨거운 밥에 조금씩 넣고 골고루 섞어 초밥을 만든다. 김발을 랩으로 싸서 그 위에 김을 펴고 초밥을 올려 골고루 펼친 다음 밥알이 아래로, 김이 위로 가도록 뒤집는다.

6 **재료 올려 말기** 김 위에 치즈 샐러드와 크림치즈를 각각 길게 얹고, 아보카도, 연어, 무순을 한 줄씩 올려서 잘 만 다음 1.5cm 간격으로 고르게 썬다.

7 **날치알 올리고 키위 소스 뿌리기** 롤 위에 와사비를 조금 바르고 날치알을 올린 뒤 그 위에 키위 소스를 뿌린다.

5

6

tip 입맛에 따라 치즈 양을 조절하세요

크림치즈는 연어와 궁합이 맞지만 너무 많이 넣으면 느끼하고 연어의 제맛이 살지 않는답니다. 느끼한 맛이 싫다면 크림치즈를 조금만 넣도록 하고, 치즈 소스는 생략해도 돼요. 입맛에 따라 치즈의 양을 조절하면 느끼한 맛은 줄이고 고소한 맛을 즐길 수 있어요. 기본만 알면 얼마든지 응용할 수 있어요

깨물면 바삭~ 안에는 통통한 새우

바싹 새우튀김 롤

치자 가루가 들어간 노란색의 새우튀김을 통째로 넣고 만든 바싹 새우튀김 롤.
바삭한 새우튀김이 매콤달콤한 머스터드소스와 어울려 환상적인 맛을 낸다.

1인분

밥 1/2공기,
배합초(식초 2작은술,
설탕 1작은술, 소금 조금),
구운 김 1/2장, 새우 2마리,
튀김가루 1/2컵, 얼음물 1컵,
치자 가루 조금,
식용유 적당량, 덴가스 1줌,

머스터드 소스

머스터드 2큰술,
마요네즈 1⅓큰술, 설탕 1큰술

1 **새우 튀기기** 손질한 새우는 튀김가루와 얼음물, 치자 가루를 섞은 튀김 옷에 담갔다가 건져 170℃로 끓는 기름에 튀긴다.

2 **덴가스 만들기** 남은 튀김옷은 끓는 기름에 손으로 뿌리듯이 넣고 잠깐 튀겨서 체로 건져 덴가스를 만들어 놓는다.

3 **김 위에 밥 올리기** 뜨거운 밥에 배합초를 섞어 초밥을 만든다. 김발을 랩으로 싸서 그 위에 김을 펴고 초밥을 올려 골고루 펼친 다음 밥알이 아래로, 김이 위로 가도록 뒤집는다.

4 **새우튀김 올려 말기** 김 위에 덴가스를 깔고 새우튀김을 올려서 랩으로 감싼 김발로 네모나게 모양을 잡아 만다.

5 **덴가스 덧입히기** ④의 롤 한쪽 면에 덴가스를 묻힌 뒤 다시 랩으로 싸서 떨어지지 않도록 김발로 단단하게 누른다.

6 **썰어서 소스 뿌리기** 랩으로 싼 상태에서 6~8등분으로 깔끔하게 썰어 랩을 벗겨내고 접시에 담는다. 머스터드소스 재료를 섞어 완성된 롤 위에 보기 좋게 뿌린다.

tip **덴가스 만들기**

튀김에 옷을 입히고 남은 튀김옷 반죽은 끓는 기름에 손으로 흩뿌리듯이 넣어서 살짝 튀겨내세요. 이것을 '덴가스'라고 하는데, 여러모로 활용할 수 있어요. 튀김 요리의 바삭한 맛을 더해 주고, 요리에 장식으로 깔아도 좋아요.

새우 손질하기

❶ 새우는 머리를 잘라낸 뒤, 꼬리만 남기고 몸통의 껍데기를 벗긴다.

❷ 등 쪽의 까만 실 같은 내장을 이쑤시개로 꺼내고, 꼬리의 공기주머니를 터뜨려 이물질을 긁어낸다.

❸ 손질한 새우는 엷은 소금물에 살짝 헹구어 종이타월로 물기를 닦는다.

❹ 배 쪽으로 칼집을 넣어 힘줄을 편다.

달콤 짭짜름한 장어구이가 입안에서 살살 ## 장어 롤

달콤 짭짜름한 맛이 입맛을 자극하는 장어구이가 롤을 만났다.
파프리카와 셀러리로 맛을 낸 게맛살 샐러드도 한꺼번에 즐길 수 있어 누구나 좋아하는 맛깔스러운 보양식 롤.

재료

밥 1/공기,
배합초(식초 2작은술,
설탕 1작은술, 소금 조금),
구운 김 1장, 장어 1마리,
아보카도 1/5개, 무 10g,
간장 2작은술, 설탕 1작은술,
초생강·송송 썬 실파 조금씩

게맛살 샐러드
게맛살 3개,
다진 셀러리·다진 양파·
다진 파프리카 1/3컵씩,
마요네즈 1큰술

장어 소스
간장 1/2컵, 설탕·물엿 2큰술씩,
맛술 1큰술,
저민 생강 2~3조각

1 **무 절이기** 무를 작고 얇게 저며 썰어 간장과 설탕을 골고루 섞은 양념에 담가 달콤 짭짤하게 절인다.

2 **게맛살 샐러드 만들기** 셀러리, 양파, 파프리카는 잘게 다지고 게맛살은 손으로 잘게 찢은 다음, 마요네즈 1큰술을 넣어 잘 버무린다.

3 **김 위에 밥 올리기** 뜨거운 밥에 배합초를 녹여서 골고루 섞어 초밥을 만든다. 김발을 랩으로 싸서 그 위에 김을 올려놓고 초밥을 올려 골고루 편 다음 밥알이 아래로, 김이 위로 가도록 뒤집는다.

4 **재료 올려 말기** 김 위에 게맛살 샐러드를 엄지손가락 굵기로 길게 올려놓고 손가락 굵기로 썬 아보카도와 절인 무, 초생강을 길게 올려 둥글게 만 다음, 1.5cm 간격으로 고르게 썬다.

5 **장어 소스 만들기** 간장, 설탕, 물엿, 맛술, 저민 생강을 넣고 약한 불에서 끈적이지 않을 만큼 졸인다. 장어 소스가 완성되면 생강은 빼낸다.

6 **장어 굽기** 손질한 장어에 장어 소스를 발라 그릴에 굽는다.

7 **장어구이 올리기** ⑥의 장어구이를 롤과 같은 너비로 썰어서 롤 위에 얹고 송송 썬 실파를 올린 다음 장어 소스를 다시 한 번 뿌린다.

2

6

7

tip 장어구이를 맛있게 하려면
장어는 구울 때 껍질 쪽으로 오그라들기 쉬워요. 중간 중간 뒤집어 가면서 구워야 오그라들지 않는답니다. 더 감칠맛 나는 장어구이를 원한다면 구우면서 소스를 계속 덧발라 주세요. 그릴에 굽는 대신 넓은 팬에 넣고 조려도 좋아요.

바삭바삭 맛있는 오징어튀김의 변신 # 오징어튀김 롤

평소 흔히 먹을 수 있는 오징어튀김을 이용해서 개성 있는 롤을 만들었다.
바삭하고 고소한 튀김옷과 쫄깃한 오징어의 질감이 아보카도와 잘 어울린다.

2인분

밥 1/2공기,
배합초(식초 2작은술,
설탕 1작은술, 소금 조금),
구운 김 1장, 오징어튀김 2개,
아보카도 1/6개, 무 10g,
간장 2작은술, 설탕 1작은술,
무순·날치알 조금씩

샐러드
셀러리·다진 양파 1/3컵씩,
마요네즈 1큰술

고추장 소스
고추장 1작은술,
설탕 1작은술, 마요네즈 2큰술,
매실즙 또는 파인애플주스
1작은술

데리야키 소스
간장·설탕·멸치다시마국물·
맛술 3큰술씩,
생강즙 1/2작은술

1 **무 절이기** 무를 작고 얇게 저며 썰어 간장과 설탕을 골고루 섞은 양념에 담가 달콤 짭짤하게 절인다.

2 **샐러드 만들기** 셀러리와 양파를 다져서 마요네즈에 잘 버무린다.

3 **고추장 소스·데리야키 소스 만들기** 분량의 고추장 소스 재료를 섞어 소스를 만든다. 데리야키 소스는 재료를 냄비에 담고 중간 불에서 끈적거릴 정도로 졸여서 만든다.

4 **김 위에 밥 올리기** 배합초를 뜨거운 밥에 조금씩 넣고 골고루 섞어 초밥을 만든다. 김발을 랩으로 싸서 그 위에 김을 올려놓고 초밥을 올려 골고루 편 다음 밥알이 아래로, 김이 위로 가도록 뒤집는다.

5 **재료 올리기** 김 위에 채 썬 절인 무와 샐러드, 길게 썬 아보카도, 오징어튀김, 무순을 올리고 데리야키 소스를 뿌린다.

6 **둥글게 말아 썰기** 재료가 잘 고정되도록 눌러 가면서 둥글게 만 뒤 1.5cm 간격으로 고르게 썬다.

7 **날치알 올리고 소스 뿌리기** 고르게 썬 롤 위에 날치알을 올리고 고추장 소스 2큰술과 데리야키 소스를 조금 뿌린다.

5

7

tip 튀김을 바삭하게 하려면

튀김은 바삭한 맛이 포인트죠. 좀 더 바삭한 튀김옷을 만들려면 밀가루와 녹말가루를 반반씩 배합해서 반드시 얼음물로 반죽하세요. 반죽을 섞을 때는 젓가락으로 대충 젓는 게 좋아요. 너무 오래 휘저으면 글루텐이 형성돼 바삭한 맛이 줄어들기 때문이에요. 기름의 온도는 튀김옷 한 방울을 떨어뜨려 봐서 3초 후 다시 떠오르는 때가 가장 적당하답니다.

새콤한 파인애플과 담백한 홍게살의 조화

크랩 롤

저지방 고단백 식품인 홍게살을 이용한 크랩 롤은
맛이 깔끔해 여성들이 좋아하는 롤.
새콤달콤한 파인애플과 고소한 아보카도가 더해져
부드럽고 달콤하다.

1인분

밥 1/2공기, 배합초(식초 2작은술, 설탕 1작은술,
소금 조금), 구운 김 1장, 오이 1/4개,
아스파라거스(통조림) 4개, 아보카도 1/5개,
절인 무 조금, 머스터드소스 조금

게살 샐러드 냉동 홍게살 1/3컵,
다진 셀러리 · 다진 양파 1/4컵씩, 마요네즈 1⅓큰술,
날치알 · 무순 조금씩, 파인애플(통조림) 1조각

1 **게살 샐러드 만들기** 냉동 홍게살은 해동시켜 물기를 적당히 제거하고 다진 셀러리, 다진 양파, 날치
알, 무순을 한데 넣어 마요네즈로 버무린다. 여기에 파인애플 1조각을 다져서 물기를 제거한 뒤 함께
섞는다.

2 **재료 올려 말기** 랩으로 감싼 김발 위에 김을 놓고 배합초 섞은 초밥을 펼쳐 올린다. 뒤집은 다음, 채 썬
오이와 굵게 썬 아보카도, 채 썬 절인 무, 아스파라거스, 무순을 길게 얹는다.

3 **둥글게 말아 썰기** 재료가 잘 고정되도록 눌러 가면서 둥글게 만 뒤 1.5cm 간격으로 고르게 썬다.

4 **게살 샐러드 올리기** 롤을 접시 위에 눕혀서 담은 뒤, 준비한 게살 샐러드를 롤 위에 소복하게 얹고 머
스터드소스를 살짝 뿌린다.

1

통조림 참치와 마요네즈는 천생연분
참치샐러드 롤

참치와 고소한 마요네즈의 맛이 잘 어울리는 참치샐러드 롤. 통조림 참치로 값싸고 간편하게 준비할 수 있어 피크닉 도시락으로 부담이 없다.

1인분

밥 1/2공기, 배합초(식초 2작은술, 설탕 1작은술, 소금 조금), 구운 김 1장, 달걀지단 1줄, 절인 무 3조각, 후리가케 · 가츠오부시 · 우스터소스 조금씩

참치 샐러드 통조림 참치 50g(작은 것 1/2개), 다진 셀러리 · 다진 양파 1/3컵씩, 마요네즈 2큰술, 소금 · 후춧가루 조금씩

1. **참치 샐러드 만들기** 셀러리와 양파를 다져서 마요네즈에 잘 버무린다. 참치를 통조림에서 꺼내 기름을 꼭 짜낸 뒤 소금과 후춧가루로 간을 해서 마요네즈에 버무린 채소와 함께 버무린다.

2. **재료 올려 말기** 랩으로 감싼 김발 위에 김을 놓고 배합초 섞은 밥을 골고루 펴서 뒤집은 다음. 참치 샐러드와 달걀지단. 절인 무를 올리고 김발로 당기듯이 만다. 참치는 비어져 나오기 쉬우므로 너무 누르지 않는다.

3. **후리가케에 굴리기** 완성된 롤을 후리가케 위에 굴려 골고루 묻힌 다음 1.5cm 간격으로 고르게 썰어서 접시에 담는다. 마지막으로 위에 가츠오부시와 우스터소스를 뿌린다.

골라 먹는 재미가 있다 특선 초밥

신선한 모둠 생선을 도톰하게 썰어 초밥에 얹어 내면 일식집이 부럽지 않은 별미 스시가 된다.
회는 약간 차가워야 제맛이 나므로 숙성된 것을 구입해 차게 내는 것이 포인트다.

밥 1공기,
배합초(식초 4큰술,
설탕 2작은술, 소금·
맛술 조금씩),
도미·농어·광어·숭어·
민물장어·참치 1조각씩,
초밥용 새우 1개,
새송이버섯 1개

새송이버섯 양념장
간장·참기름·물엿·
물 1큰술씩, 후춧가루 조금

와사비간장
간장 1큰술, 와사비 조금

1 **초밥 만들기** 식초에 설탕, 소금을 녹여서 만든 배합초를 뜨거운 밥에 조금씩 넣고 골고루 섞어 초밥을 만든다.

2 **생선회 뜨기** 생선은 3~4시간 숙성된 것으로 준비해 조금 도톰하고 긴 듯하게 회를 뜬다. 회를 떠서 파는 것을 구입하면 편리하다.

3 **새송이버섯 양념하기** 새송이버섯은 길이로 얇게 썰어 간장, 참기름, 후춧가루, 물엿, 물을 분량대로 섞어 만든 양념장에 30분 정도 재워 둔다.

4 **새송이버섯 굽기** 새송이버섯에 양념이 고루 배면 석쇠에 기름을 바르고 석쇠 자국이 날 만큼만 살짝 굽는다.

5 **초밥 만들기** 한 주먹에 들어갈 만큼 밥을 떼어 쥐고 와사비를 바른 뒤 포를 뜬 생선회들과 새송이버섯을 하나씩 올려놓는다.

6 **접시에 담기** 커다란 접시에 종류별로 담고 와사비간장과 함께 낸다.

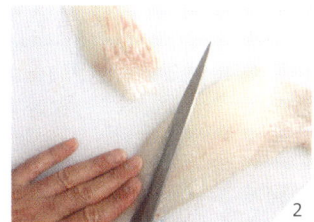
2

4

tip 다양한 재료로 응용해 보세요

모둠 초밥이라고 해서 생선회의 종류를 너무 다양하게 할 필요는 없어요. 냉장고에 있는 재료를 이용해서도 다양한 초밥을 만들 수 있어요. 생선의 종류가 부족하다면 계란말이나 생선알, 무순, 게맛살 등으로 구색을 맞춰 보세요. 한결 다양하고도 화려한 특선 초밥이 된답니다.

생선회 뜨기

❶ 껍질 쪽을 아래에 놓고 껍질과 살 사이에 칼날을 넣는다.
❷ 왼손으로 껍질을 잡고 칼을 쥔 오른손으로 살을 밀어 발라낸다.
❸ 발라낸 살을 도마 위에 놓고 칼을 사선으로 뉘어 포를 뜬다.

탱글탱글 맛과 영양의 결정체 # 알 초밥

성게알, 연어알, 날치알 등 색깔도 맛도 다양한 생선알을 김초밥 위에 얹어 알록달록 예쁘고 먹음직스러운 알 초밥.
입에서 하나하나 터뜨리며 먹는 재미가 있다.

재료

밥 1/3공기,
배합초(식초 1작은술,
설탕 1/2작은술, 소금 조금),
구운 김 1/2장, 와사비 조금,
성게알·연어알·날치알
1큰술씩,
무순·오이 조금씩,
초생강 조금,
붉은 살 참치(장식용) 조금

와사비간장

간장·다시마국물 1/2큰술씩,
와사비 조금

1 **초밥 만들기** 식초에 설탕, 소금을 녹여서 만든 배합초를 뜨거운 밥에 조금씩 넣고 골고루 섞어 초밥을 만든다.

2 **김 자르기** 김은 살짝 구워서 3~4cm 폭의 띠 모양으로 길게 자른다.

3 **초밥 뭉치기** 손에 물을 충분히 묻히고 초밥을 알맞은 크기로 떼어 꼭꼭 쥐어 가며 둥글게 만든다.

4 **와사비 바르기** 둥글게 뭉친 초밥에 와사비를 조금 바른다.

5 **초밥에 김띠 두르기** 길게 잘라 놓은 김띠로 뭉친 초밥의 모서리부터 돌려 가며 감는다.

6 **알 올리기** 김띠 두른 각각의 초밥 위에 성게알, 연어알, 날치알을 얹어서 접시에 담고, 무순과 얇게 썬 오이로 장식한다. 상에 낼 때는 와사비간장, 초생강과 함께 낸다. 먹을 때 무순을 얹어서 함께 먹으면 깔끔하다. 붉은 참치살을 다져서 장식용으로 함께 내도 좋다.

2

4

5

tip **김띠는 적당한 폭으로 자르세요**

김띠는 3~4cm 폭으로 자르는 것이 적당해요. 김의 폭이 너무 좁으면 밥 위에 알을 얹었을 때 떨어지기 쉽고, 너무 넓으면 한입에 먹기 불편하기 때문이죠. 김으로 띠를 감는 대신, 김을 반으로 잘라 알마끼를 만들어도 좋아요.

와사비간장 만들기

와사비간장은 간장과 다시마국물을 같은 비율로 섞고 와사비를 조금 넣어 만드세요. 간장에 다시마국물을 섞으면 짜지 않고 감칠맛이 나요. 와사비는 접시에 따로 내서 먹기 전에 섞는 게 좋답니다.

입안에 착착 달라붙는 생새우 살 # 생새우 초밥

생새우는 어떤 스시보다도 신선도가 생명이다.
살아 있는 신선한 새우로 초밥을 만들어 먹으면 야들야들한 생새우 살이 입안에 착착 달라붙는 맛이 그만이다.

재료

밥 1/3공기,
배합초(식초 1작은술,
설탕 1/2작은술, 소금 조금),
중간 크기 보리새우 2마리,
와사비 조금, 식용유 적당량,
초생강 조금

와사비간장
간장·다시마국물 1/2큰술씩,
와사비 조금

1 **새우 손질하기** 새우는 물에 한 번 헹군 뒤 머리를 떼어내고 배 쪽에서부터 껍데기를 벗긴다. 꼬리는 떼지 말고 그대로 남겨 두고, 배 앞쪽의 발은 떼어낸다.

2 **새우 반 갈라 펼치기** 손질한 새우는 등에서부터 꼬리까지 칼을 반만 넣어 칼집을 내고 남아 있는 까만 내장을 빼낸다.

3 **새우 꼬리 데치기** 뜨거운 물에 꼬리 쪽만 살짝 담가 붉은색으로 만든다. 떼어낸 머리는 끓는 기름에 튀겨서 장식용으로 쓰면 좋다.

4 **밥 뭉치기** 식초에 설탕, 소금을 녹여서 만든 배합초를 뜨거운 밥에 넣고 섞어 초밥을 만든 다음, 물 묻힌 손으로 둥글게 뭉쳐 와사비를 조금 찍어 바른다.

5 **초밥에 새우 올리기** 뭉친 초밥에 준비한 생새우를 올려 접시에 담고 새우 머리로 장식한다. 와사비간장과 초생강을 함께 낸다.

 1  2  3

tip 새우 꼬리는 떼지 말고 남겨 두세요

생새우는 투명한 회색이나 옅은 갈색을 띠지만, 익으면 먹음직스러운 주황색으로 변해요. 새우 껍데기의 키토산 성분 때문이지요. 모양을 살리려면 껍데기를 떼어내지 말고 살짝 데쳐서 이용하세요. 새우튀김을 할 때도 장식 효과를 위해서 꼬리는 떼지 않고 남겨 둔답니다.

담백한 연어에 향긋한 사과 소스를 얹은 # 연어 초밥

부드럽고 담백한 연어 초밥에 얇게 썬 양파와 사과 소스로 상큼함을 더한 색다른 스시.
향긋한 사과 소스가 연어와 어울려 맛이 환상적이다.

재료

밥 1/2공기,
배합초(식초 2작은술,
설탕 1작은술, 소금 조금),
연어 80g(2조각), 와사비 조금,
양파 1/4개

사과 소스

사과 1/4개, 마요네즈 1큰술,
마늘 1/2조각, 식초 1작은술

1 **연어 슬라이스 하기** 연어를 길고 도톰하게 저며 썬다.

2 **양파 썰기** 양파를 가늘게 채 썰어 찬물에 담가 놓는다.

3 **사과 소스 만들기** 사과, 마요네즈, 마늘, 식초를 믹서에 넣고 함께 갈아 사과 소스를 만든다.

4 **초밥에 와사비 바르기** 배합초 섞은 초밥을 둥글게 뭉쳐서 와사비를 살짝 찍어 바른다.

5 **연어 올리고 소스 뿌리기** 와사비를 바른 초밥에 연어로 덮어 접시에 담는다. 그 위에 채 썬 양파를 소복이 얹고 사과 소스를 살짝 뿌린다.

tip **양파의 매운맛을 빼려면**

양파는 연어와 참 잘 어울리는 재료지만, 생양파를 그대로 쓰면 매운맛이 강해서 초밥의 맛을 해칠 수 있어요. 양파를 채 썰어서 물에 5~10분 정도 담가 두었다가 쓰세요. 너무 오래 담가 두면 아삭거리는 맛이 떨어질 수 있으니 주의하세요.

쫄깃쫄깃, 씹을수록 고소한 전복 초밥

값이 비싸 고급 요리 재료로 이용되는 신선한 전복으로 초밥을 만들었다.
쫄깃쫄깃하면서 씹을수록 고소한 맛이 별미 중의 별미.

밥 1/2공기,
배합초(식초 2직은술,
설탕 1작은술, 소금 조금),
전복 1개, 와사비 조금

1 **전복살 발라내기** 전복을 솔로 문질러 깨끗이 씻은 후, 칼로 전복 껍데기를 벌리고 가장자리부터 도려내듯이 전복살을 떼어낸다.

2 **내장 제거하기** 전복살에 붙어 있는 내장 중에서 검은색 부분은 잘라낸다. 나머지 내장은 버리지 말고 따로 이용한다.

3 **전복 썰기** 손질한 전복은 길이로 4등분해서 도톰하게 저며 썬다.

4 **초밥 만들기** 뜨거운 밥에 배합초를 섞어 초밥을 만들고 조금씩 떼어 둥글게 뭉친 다음, 와사비를 찍어 바르고 위에 전복을 올려놓는다.

2   4

tip **전복 내장은 전복죽 끓일 때 이용하세요**

전복 내장은 버리지 말고 요리에 이용하세요. 내장 중에서 검은 부분은 떼어내고, 나머지 누런색을 띠는 내장은 따로 두었다가 전복죽을 끓일 때 살과 함께 잘게 썰어 넣으세요. 쌉싸름하면서도 맛이 좋답니다.

롤과 스시와 잘 어울리는 부드러운 국물요리

곁들이 국 4가지

단단하게 뭉쳐 있는 롤과 스시는 국물이 있어야 잘 넘어가죠. 심심하게 간을 맞춘 된장국이나
가츠오부시 장국, 담백하고 부드러운 달걀국 등을 곁들여 보세요.
더욱 맛있고 부드럽게 즐길 수 있답니다.

미역 된장국

재료(4인분) 불린 미역 1컵, 팽이버섯 1/2봉지, 미소된장 4큰술, 굵은 멸치 10마리, 다시마(손바닥 크기) 1장, 물 5컵

1 멸치는 내장을 정리하고 다시마는 젖은 수건으로 흰 가루를 닦아낸 뒤, 냄비에 물 5컵을 붓고 끓여 국물을 낸다. 국물이 끓으면 멸치와 다시마를 건진다.
2 불린 미역은 먹기 좋은 크기로 두세 번 자르고, 팽이버섯은 깨끗이 씻어 2~3cm 길이로 썬다.
3 멸치다시마국물에 미역을 넣고 미소된장을 풀어 한소끔 끓인다. 마지막에 손질한 팽이버섯을 넣어 조금 더 끓인다.

가츠오부시 장국

재료(4인분) 표고버섯 2개, 쑥갓 2줄기, 대파 조금, 다시마 조금, 가츠오부시 2큰술, 간장 2½큰술, 맛술 2큰술, 물 5컵

1 찬물에 다시마를 넣고 끓인다.
2 끓기 시작하면 가츠오부시를 넣고 불을 꺼 20분 정도 우려서 체에 거른다.
3 가츠오부시 우려낸 물에 간장, 맛술을 넣어 간을 한다.
4 표고버섯은 세로로 저며 썰고 대파는 어슷썰기 한다.
5 냄비에 ③의 국물을 붓고 끓으면 표고버섯과 쑥갓을 넣은 뒤 불을 끈다.

어묵국

재료(4인분) 어묵 200g, 삶은 달걀 2개, 무 1/4개, 대파 1/3뿌리, 다진 마늘 1/2큰술, 다시마(손바닥 크기) 1장, 간장·소금·후춧가루 조금씩, 물 5컵

1. 다시마를 젖은 수건으로 흰 가루를 닦아낸 뒤, 냄비에 물 5컵을 붓고 끓여 국물을 낸다. 국물이 우러나면 다시마를 건진다.
2. 어묵을 끓는 물에 살짝 데쳐 기름을 빼고 적당한 크기로 썬다.
3. 무는 껍질을 벗겨 나박나박 썰고, 대파는 어슷하게 썬다.
4. 다시마국물에 무를 넣고 끓이다가 어묵과 삶은 달걀을 넣어 살짝 끓인다.
5. 대파를 넣고 조금 더 끓인 뒤 간장, 소금, 후춧가루로 간을 맞춘다.

달걀국

재료(4인분) 달걀 3개, 팽이버섯(또는 불린 표고버섯) 100g, 대파 1/2뿌리, 다시마(손바닥 크기) 1장, 청주 1큰술, 참기름·소금·후춧가루 조금씩, 물 6컵

1. 달걀을 젓가락으로 가만히 저어 곱게 푼다.
2. 팽이버섯은 밑동을 잘라내고 씻어 건져 반 자르고, 대파는 어슷하게 썬다.
3. 다시마에 물을 붓고 센 불에서 10분 정도 끓인다. 국물이 끓기 시작하면 다시마를 건지고 청주를 넣는다.
4. 끓는 다시마국물에 젓가락을 대고 푼 달걀을 흘려 붓는다.
5. 달걀이 익기 시작하면 팽이버섯과 대파를 넣고 소금으로 간을 맞춘다. 불에서 내리기 전에 참기름과 후춧가루로 맛을 낸다.

Roll & Sushi

맛도 모양도 특별한 스페셜 롤 & 스시

특별한 한 끼나 가벼운 손님맞이를 위해 롤과 스시를 준비해 보면 어떨까요? 육류, 해산물, 채소 등 속재료의 화려한 조화가 보기만 해도 먹음직스럽고 영양도 풍부하답니다. 기본 재료에 한두 가지만 더해도 특별하게 완성할 수 있는 스페셜 롤과 스시에 도전해 보세요.

고소한 롤 위에 날치알이 톡톡 **라이언 킹**

황금빛 갈기를 날리는 사자를 닮았다고 해서 이름 붙여진 롤.
고소한 치즈마요네즈 소스로 맛을 낸 롤을 그릴에 다시 구우면 원재료의 맛과는 또 다른 업그레이드 롤이 된다.

1인분

밥 1/2공기,
배합초(식초 2작은술,
설탕 1작은술, 소금 조금),
구운 김 1/2장, 와사비 조금,
오이 1/4개, 게맛살 1줄,
연어 100g(1토막),
날치알 100g(1/2컵),
실파 1뿌리,
데리야키 소스 조금

치즈마요네즈 소스

마요네즈 2큰술,
파르메산 치즈가루 1/2큰술,
설탕 1/2큰술

1 **김 위에 밥 올리기** 식초에 설탕, 소금을 녹여서 만든 배합초를 뜨거운 밥에 조금씩 넣고 골고루 섞어 초밥을 만든다. 랩으로 싼 김발 위에 김을 펴고 초밥을 올려 골고루 펼친 다음 밥이 아래로, 김이 위로 가도록 뒤집는다.

2 **와사비 바르기** 김 중앙에 와사비를 한 줄로 살짝 바른다.

3 **오이·게맛살 올리기** 와사비 위에 채 썬 오이를 가지런히 펼치고 길게 썬 게맛살을 위아래로 두 줄 올린 다음, 랩으로 싼 김발로 말아 7~9조각이 나오도록 썬다.

4 **연어 올려 굽기** 그릴용 접시에 은박지를 씌운 뒤 바닥에 데리야키 소스를 살짝 뿌리고 ③의 롤을 올려놓는다. 롤 위에 적당한 크기로 자른 연어 조각을 하나씩 올려 그릴에 5분 정도 굽는다.

5 **소스 바르고 굽기** 분량의 재료를 모두 섞어 치즈마요네즈 소스를 만들어 구운 연어 위에 넉넉히 끼얹은 뒤 다시 그릴에 넣어 잠깐 더 굽는다.

6 **날치알과 실파로 장식하기** 롤이 노릇노릇하게 구워지면 위에 날치알을 올리고 실파를 송송 썰어 장식한다.

tip 장식 효과와 맛내기를 한 번에, 날치알

날치알은 주로 냉동 상태로 파는데, 딱딱하게 언 것은 냉장고에서 녹이세요. 실온에 녹이면 물이 나와 맛이 없어지기 때문이죠. 날치알의 색은 원래 연한 아이보리색이지만 요즘에는 짙은 오렌지색, 연두색 등 다양한 색깔이 나와 용도에 따라 사용할 수 있어요. 롤에 올리기 전에 레몬즙을 뿌려 두면 더 탱탱해지고 맛도 좋아집니다.

아보카도로 감싼 크랩 롤 # 오션 크랩

'숲속의 버터'라고 불리는 아보카도를 롤 위에 차곡차곡 올려 아보카도의 고소한 맛을 제대로 즐길 수 있다.
마요네즈에 달걀노른자를 섞은 소스가 아보카도와 잘 어울린다.

1인분

밥 1/2공기,
배합초(식초 2작은술,
설탕 1작은술, 소금 조금),
구운 김 1/2장, 게맛살 3줄,
오이 1/4개, 아보카도 1/2개

달걀마요네즈 소스

달걀노른자 2½개분,
마요네즈 3큰술, 설탕 1큰술

1 **재료 손질하기** 아보카도는 세로로 길게 슬라이스하고, 오이는 돌려 깎아 가지런히 채 썬다.

2 **달걀마요네즈 소스 만들기** 분량의 재료를 모두 섞어 달걀 마요네즈 소스를 만든다. 노른자가 들어가 색이 곱고 마요네즈 소스보다 한결 고소하고 부드럽다.

3 **게맛살 소스에 버무리기** 게맛살은 결대로 잘게 찢어 달걀마요네즈 소스를 넣고 잘 섞는다.

4 **김 위에 밥 올리기** 식초에 설탕, 소금을 녹여서 만든 배합초를 뜨거운 밥에 조금씩 넣고 골고루 섞어 초밥을 만든다. 랩으로 싼 김발 위에 김을 펴고 초밥을 올려 골고루 펼친 다음 밥이 아래로, 김이 위로 가도록 뒤집는다.

5 **재료 올려 말기** 김 위에 채 썬 오이와 달걀마요네즈 소스에 버무린 게맛살을 올리고 통깨를 뿌려서 김발로 꼭꼭 만다.

6 **아보카도 올리기** ⑤의 누드 롤 위에 얇게 슬라이스 한 아보카도를 사선으로 하나하나 올린 다음, 김발을 이용해 아보카도가 롤에 잘 달라붙도록 살살 눌러 가며 만다.

7 **깔끔하게 썰기** 랩으로 싼 상태에서 물을 바른 칼로 토핑한 아보카도가 흐트러지지 않도록 조심하면서 7~9등분으로 썬다.

3

5

6

tip **밥을 고르게 펼쳐야 롤 모양이 매끈해요**

굵기가 일정하고 모양이 매끈한 롤을 만들려면 밥을 얇고 고르게 펴는 것이 포인트예요. 그래야 밥알이 뭉치지 않고 모양이 매끈하게 돼요. 재료를 너무 많이 넣어도 모양이 나지 않으니 적당히 넣는 것이 좋아요. 롤을 말 때는 김발로 싸서 살살 눌러 가며 말아야 흐트러지지 않고 단단하게 말 수 있어요.

달콤한 장어가 용으로 변신! # 드래곤 롤

남녀노소 모두에게 인기 있는 장어를 이용한 건강식.
달착지근한 장어 소스와 매콤한 핫 소스로 맛을 더했다. 이름만큼이나 영양도 풍부하고 맛도 그만이다.

1인분

밥 1/2공기,
배합초(식초 2작은술,
설탕 1작은술, 소금 조금),
구운 김 1/2장, 오이 1/5개,
장어 1/2마리, 핫 소스 조금

게맛살 샐러드
게맛살 2줄, 마요네즈 1큰술,
설탕 조금

장어 소스
간장 4큰술, 설탕·물엿 1큰술씩,
맛술 2작은술

1 **게맛살 샐러드 만들기** 게맛살을 잘게 다진 후 마요네즈와 설탕을 분량대로 넣고 버무려 게맛살 샐러드를 만든다.

2 **장어 소스 만들기** 분량의 재료를 골고루 섞어 장어 소스를 만든다.

3 **김 위에 밥 올리기** 식초에 설탕, 소금을 녹여서 만든 배합초를 뜨거운 밥에 조금씩 넣고 골고루 섞어 초밥을 만든다. 랩으로 싼 김발 위에 김을 펴고 초밥을 올려 골고루 펼친 다음 밥이 아래로, 김이 위로 가도록 뒤집는다.

4 **재료 올려 말기** 김 위에 게맛살 샐러드와 채 썬 오이를 가지런히 올리고, 랩으로 감싼 김발로 조심스럽게 만다.

5 **장어 굽기** 뼈를 발라내고 손질한 장어를 길게 반으로 갈라 장어 소스를 바른 뒤, 오븐이나 그릴에서 3분 정도 구워 롤 위에 올려놓는다.

6 **썰어서 소스 뿌리기** 적당한 크기로 썰어서 접시에 담고 장어 소스와 핫 소스를 뿌려 낸다.

1

4

5

tip 생강이나 맛술이 장어의 비린내를 가시게 해요

기름기가 많은 장어는 생강과 잘 어울려요. 장어구이에는 저민 생강이 꼭 따라 나오지요. 장어구이 양념장에도 생강즙이나 저민 생강을 넣으면 비린내가 제거되어 맛이 한결 깔끔하답니다. 생강 냄새가 부담스럽다면 맛술로 대신해 보세요. 맛술이 비린내를 싹 가시게 하는 효과가 있어요.

살짝 구운 참치와 새우튀김의 만남 # 화이트 드래곤 롤

겉만 살짝 익힌 참치와 아보카도를 올려놓은 화이트 드래곤 롤은 깔끔하고 담백한 맛이 일품. 롤 안에 맛있는 날치알과 고소한 새우튀김이 들어 있다.

재료

밥 1/2공기,
배합초(식초 2작은술,
설탕 1작은술, 소금 조금),
구운 김 1/2장, 검은깨 조금,
날치알 2큰술, 오이 1/4개,
새우 2마리, 튀김가루 1/2컵,
얼음물 1/2컵, 식용유 적당량,
흰 살 참치 50g(저민 것 4조각),
아보카도 슬라이스 1/5개,

화이트소스
마요네즈 4큰술,
땅콩가루 2큰술, 식초 2작은술

장어 소스
간장 4큰술, 설탕·물엿 1큰술씩,
맛술 2작은술

1 **새우 튀기고 참치 굽기** 새우는 손질해서 튀김가루를 살짝 묻힌 뒤 튀김옷에 담갔다가 끓는 기름에 튀긴다. 참치는 적당한 크기로 저민 것을 준비해 알루미늄 포일에 올려놓고 오븐에 2분 정도 살짝 굽는다.

2 **김 위에 밥 올리기** 식초에 설탕, 소금을 녹여서 만든 배합초를 뜨거운 밥에 조금씩 넣고 골고루 섞어 초밥을 만든다. 랩으로 싼 김발 위에 김을 펴고 초밥을 올려 골고루 펼친 다음 밥이 아래로, 김이 위로 가도록 뒤집는다.

3 **재료 올려 말기** 김 위에 새우튀김과 채 썬 오이, 날치알을 가지런히 올리고 돌돌 만다.

4 **아보카도 · 참치 올리기** 새우 롤 위에 아보카도와 참치를 번갈아서 올려놓는다.

5 **랩으로 싸서 틀 잡기** 재료가 흐트러지지 않도록 랩으로 감싸서 김발로 누른 다음 적당한 크기로 썰어서 접시에 담는다.

6 **소스 뿌리기** 마요네즈와 땅콩가루, 식초를 분량대로 섞어서 화이트소스를 만든 뒤 ④의 롤 위에 뿌린다. 장어 소스도 조금 곁들이면 좋다.

1

2

3

tip 랩으로 싸서 말면 모양이 흐트러지지 않아요

롤을 말 때는 손에 물을 충분히 묻힌 후 단단하게 말아 주세요. 김발로 말 때는 김발을 비닐랩으로 감싼 후 이용해야 밥알이 달라붙지 않는답니다. 롤 위에 생선살이나 그밖에 다른 재료를 올릴 때는 재료를 얹고 랩으로 감싼 후 김발로 눌러 가며 모양을 잡으면 돼요.

크림치즈는 연어를 좋아해 ## 마추픽추

연어와 치즈는 아주 잘 어울리는 재료 조합. 밥알 사이마다 녹아들어간 크림치즈가 미각을 즐겁게 한다.
와인과 함께 하면 더욱 안성맞춤인 롤.

밥 1/2공기,
배합초(식초 2작은술,
설탕 1작은술, 소금 조금),
구운 김 1/2장, 크림치즈 50g,
아보카도 1/5개,
가츠오부시(가다랑어포) 1줌

1 **초밥 만들기** 식초에 설탕, 소금을 녹여서 만든 배합초를 뜨거운 밥에 조금씩 넣고 골고루 섞어 초밥을 만든다.

2 **김 위에 밥 올리기** 식초에 설탕, 소금을 녹여서 만든 배합초를 뜨거운 밥에 조금씩 넣고 골고루 비벼 초밥을 만든다. 랩으로 싼 김발 위에 김을 펴고 초밥을 올려 골고루 펼친 다음 밥이 아래로, 김이 위로 가도록 뒤집는다.

3 **치즈·아보카도 올리기** 크림치즈를 0.8cm 두께로 잘라 김 위에 길게 올리고, 아보카도는 길이로 잘라 치즈 옆에 가지런히 얹는다.

4 **롤 말기** 랩으로 싼 김발로 안의 재료들이 비어져 나오지 않도록 조심하면서 김발을 몸 쪽으로 당겨 가면서 롤을 만다.

5 **고르게 썰기** 완성된 롤을 부서지지 않도록 조심스럽게 썰어 접시에 보기 좋게 올려놓는다.

6 **가츠오부시 올리기** 롤 위에 가츠오부시를 뿌려 장식한다.

2

3

6

tip 활용도 높은 가츠오부시

가츠오부시는 가다랑어포를 말린 것으로, 주로 국물을 내는 데 이용하지만 요리에 뿌려도 좋아요. 장식 효과가 좋을 뿐 아니라 요리에 감칠맛을 더해 주거든요. 매장에서 포장된 것을 구입할 때는 투명하면서도 연한 선홍색의 것을 고르세요. 사용하고 남은 것은 습기가 차지 않도록 밀봉해서 냉동실에 보관하세요.

밥 대신 메밀국수로 만든 롤 **소바 장어 롤**

밥 대신 메밀국수를 넣고 돌돌 만 롤. 달콤한 장어와 시원한 무즙이 입안을 깔끔하게 한다.
매콤하면서도 단맛 나는 무즙과 무순이 메밀국수의 제맛을 살린다.

1인분

메밀국수 1인분(150g),
구운 김 1장, 장어 1/4마리,
무순 1줌, 무 간 것 2큰술,
산초가루 · 통깨 ·
와사비 조금씩

장어 소스
간장 1큰술, 물엿 2작은술,
생강즙 1작은술,
저민 마늘 2~3조각

1 **장어 소스 만들기** 장어 소스 재료를 끈적거릴 때까지 졸인다.

2 **장어 굽기** 장어에 소스를 발라 그릴에 굽는다. 구워낸 장어는 길이로 반 갈라 꼬리 부분을 잘라낸 다음, 산초가루를 뿌려 놓는다.

3 **메밀 삶기** 메밀국수는 끓는 물에서 젓가락으로 저으면서 4~5분 가량 삶아 차가운 물에 헹군 후 체에 밭쳐 물기를 뺀다.

4 **김에 메밀국수 올리기** 한 장의 김 위에 물기를 뺀 메밀국수를 올려 김의 2/3 정도만 차지하도록 펼친다.

5 **나머지 재료 올리기** 메밀국수 위에 채 썬 오이, 무순, 무 간 것을 가지런히 올리고 양념한 장어를 얹은 다음, 와사비를 가늘게 바른다.

6 **통깨 뿌려서 말기** 재료 위에 통깨를 조금 뿌린 다음 랩으로 싼 김발로 조심스럽게 만다. 국수를 안쪽으로 넣으면서 말아야 빠져나가지 않고 잘 말아진다.

7 **썰기** 2~3분간 두었다가 일정한 간격으로 썰어 낸다.

2

5

6

tip **메밀국수는 물기를 충분히 빼세요**

메밀국수로 롤을 말 때는 물기를 충분히 빼야 해요. 물기가 남아 있으면 김이 잘 찢어지기 때문이죠. 소바 롤은 초밥 롤보다 김이 잘 터질 수 있으므로 김 위에 또 다른 김을 1/2장 더 얹어 주면 좋아요. 롤을 만 후 바로 썰면 터지기 쉬우니 바로 썰지 말고 2~3분간 두었다가 썰도록 하세요.

생선과 어울리는 산초

산초는 독특한 향이 있어 비린내가 강한 생선류에 잘 어울리는 향신료예요. 보통 추어탕에 많이 쓰는데, 장어요리를 할 때도 산초를 넣으면 맛이 깔끔해져요.

쫄깃한 가리비살이 들어 있는 ## 골든 브리지

게맛살이 들어간 기본 캘리포니아 롤 위에 가리비 관자를 올리고 스파이시 소스로 맛을 내 오븐에 구운 롤.
쫄깃쫄깃한 가리비가 달큰하면서도 매콤하다.

1인분

밥 1/2공기,
배합초(식초 2작은술,
설탕 1작은술, 소금 조금),
구운 김 1/2장, 검은깨 조금,
오이 1/4개,
가리비 관자 100g(1/2컵),
날치알 2큰술

게맛살 샐러드
게맛살 2줄,
마요네즈 1큰술, 설탕 조금

스파이시 마요네즈 소스
마요네즈 2큰술,
핫 소스 1/2큰술, 날치알 조금

1 **재료 준비하기** 게맛살은 잘게 다져서 마요네즈와 설탕에 버무리고, 오이는 껍질을 벗기고 길게 채 썬다. 가리비는 연한 소금물에 헹구어 적당한 크기로 잘라 놓는다.

2 **스파이스 마요네즈 소스 만들기** 마요네즈에 핫 소스를 섞은 후 날치알을 조금 넣고 고루 섞어서 스파이시 마요네즈 소스를 만든다.

3 **김 위에 밥 올리기** 배합초를 뜨거운 밥에 조금씩 넣고 섞어 초밥을 만든다. 랩으로 싼 김발 위에 김을 펴고 초밥을 올려 골고루 펼친 다음 검은깨를 뿌리고 김이 위로 오도록 뒤집는다.

4 **재료 올려 말기** 마요네즈에 버무린 게맛살 샐러드와 채 썬 오이를 김 위에 가지런히 올리고 랩으로 싼 김발로 살살 눌러 가며 조심스럽게 만다. 길게 만 롤은 7~8등분으로 고르게 썬다.

5 **소스 바르기** 오븐용 그릇에 알루미늄 포일을 씌워 스파이시 마요네즈 소스를 바닥에 바른다.

6 **가리비 올리기** ⑤의 포일 위에 롤을 하나씩 올려놓고 그 위에 가리비 관자를 적당히 올린 다음 180℃의 오븐에 5분 정도 굽는다.

7 **소스 발라 다시 굽기** 한 번 구운 롤 위에 스파이시 마요네즈 소스를 롤 하나마다 1작은술씩 뿌린 후 오븐에 다시 5분 정도 굽는다.

8 **날치알 얹기** 완성된 롤 위에 날치알을 소복하게 올린다.

tip **가리비 관자는 오래 익히면 질겨져서 맛이 떨어져요**
가리비 관자는 껍질에서 꺼내 소금물에 비벼 씻은 다음 물기를 빼서 잘게 다지세요. 오븐에 구울 때는 시간을 지켜서 살짝만 익히는 게 더 맛있어요. 오래 굽게 되면 육질이 오그라들고 질겨지기 때문이죠. 오븐이 없다면 토스터에 올려서 익혀도 돼요.

바삭한 오징어튀김과 화끈한 양념게맛살이 가득 # 크레이지 롤

롤 위에 바삭한 오징어튀김과 핫 소스로 양념한 게맛살이 듬뿍 올라간 크레이지 롤.
한입에 넣으면 바삭한 감촉과 화끈한 양념게맛살이 입맛을 자극한다.

밥 1/2공기,
배합초(식초 2작은술,
설탕 1작은술, 소금 조금),
구운 김 1/2장, 검은깨 조금,
오이 1/5개, 크림치즈 적당량,
길게 썬 오징어 2개,
튀김가루 1/2컵, 얼음물 1/2컵,
식용유 적당량, 게맛살 2줄

스파이시 소스
청양고추 1개, 핫 소스 2큰술,
마요네즈 1작은술,
날치알 조금

1 **오징어튀김 만들기** 오징어는 길게 잘라 튀김가루를 묻힌 뒤 튀김옷 반죽을 입혀 끓는 기름에 튀긴다. 남은 튀김옷은 기름에 뿌리듯이 튀겨 덴가스를 만든다.

2 **튀김 자르기** 튀긴 오징어는 채반에 건져서 기름을 뺀 뒤 2~3cm 길이로 잘라 8조각이 되게 만든다.

3 **게맛살 버무리기** 청양고추, 핫 소스, 마요네즈, 날치알을 분량대로 섞어 스파이시 소스를 만든 후 잘게 다진 게맛살을 넣고 잘 버무려 놓는다.

4 **김 초밥에 재료 올리기** 구운 김 위에 배합초 섞은 초밥을 펴고 검은깨를 뿌려 뒤집은 다음, 크림치즈를 한 줄 바르고 채 썬 오이를 가지런히 올린다.

5 **말아서 썰기** 랩으로 감싼 김발로 ④의 롤을 말아서 8조각이 되도록 썰어 놓는다.

6 **오징어튀김·양념게맛살 올리기** ⑤의 롤 위에 ②의 오징어튀김을 하나씩 올려놓고 ③의 게맛살을 듬뿍 올린 다음, 덴가스를 뿌린다.

tip **땅콩으로 고소한 맛을 더하세요**
청양고추의 매운맛이 너무 강하면 땅콩 핫 소스를 만들어 보세요. 핫 소스 1큰술에 다진 고추 1큰술, 간장 2큰술, 식초 1큰술, 다진 땅콩 2큰술, 후춧가루 조금을 섞어 만든 땅콩 핫 소스는 매운맛은 덜하고 한결 고소해요. 땅콩 대신 호두나 잣을 넣어도 좋아요. 매운 음식을 잘 못 먹는다면 청양고추 대신 풋고추를 다져 넣으세요.

5가지 회와 장어에 아보카도까지

버터플라이 롤

참치와 도미, 연어, 새우, 광어, 장어 등 다양한 종류의 스시는 물론 새우튀김과 아보카도까지 한꺼번에 맛볼 수 있는 롤.
하나하나 맛도 색깔도 달라 보는 재미, 먹는 재미가 있다.

1인분

밥 1/2공기,
배합초(식초 2작은술,
설탕 1작은술, 소금 조금),
구운 김 1/2장, 검은깨 조금,
새우튀김 1개, 오이 1/4개,
붉은 살 참치·도미·연어·
광어 1조각씩, 장어 2조각,
초밥용 새우 1개,
아보카도 슬라이스 2조각,
레몬 슬라이스 2조각

게맛살 샐러드
게맛살 1줄,
마요네즈 1/3큰술, 설탕 조금

장어 소스
간장 4큰술, 설탕·물엿 1큰술씩,
맛술 2작은술

1 **장어 소스 만들기** 분량의 재료를 냄비에 담고 약한 불에서 반으로 졸여 장어 소스를 만든다.

2 **장어구이 만들기** 장어에 장어 소스를 골고루 바르고 그릴에 굽는다. 적당히 구워지면 꺼내서 장어 소스를 한 번 덧바른다.

3 **게맛살 샐러드 만들기** 게맛살을 잘게 다져서 마요네즈와 설탕을 넣고 고루 버무린다.

4 **롤 말기** 구운 김 위에 배합초 섞은 초밥을 펴고 검은깨를 뿌려 뒤집은 다음, 김 위에 채 썬 오이를 한 줄로 가지런히 놓고 새우튀김과 게맛살 샐러드를 각각 반씩 차지하도록 올려서 랩으로 싼 김발로 만다.

5 **스시 올리기** 참치, 도미, 연어, 광어, 장어, 초밥용 새우, 아보카도를 롤 위에 차례대로 올려놓는다.

6 **랩으로 말아 썰기** 흐트러지지 않도록 랩으로 감싼 후 김발로 다시 모양을 잡고, 생선회 사이사이마다 칼을 대서 조심스럽게 썬다. 썰고 나서 랩을 벗기고 접시에 담아 장어 소스를 뿌린다. 레몬 슬라이스와 와사비 간장을 곁들여 낸다.

4

5

6

tip 몸에 좋은 검은깨를 충분히 활용하세요
초밥에 검은깨나 참깨를 뿌리면 모양도 맛도 좋아져요. 깨를 뿌리면 장식 효과도 볼 수 있고 고소한 맛이 나 일석이조의 효과를 얻을 수 있어요. 대표적인 블랙푸드인 검은깨는 불포화지방산이 풍부해 건강에도 좋습니다.

풍성해서 더욱 맛있다 # 벨뷰 롤

미국의 평화로운 부자 마을의 이름을 따서 지었다는 벨뷰 롤.
장어양념구이가 들어간 롤에 참치와 날치알이 한가득 올라앉았다. 풍성해서 더욱 먹음직스럽다.

1인분

밥 1/2공기,
배합초(식초 2작은술,
설탕 1작은술, 소금 조금),
구운 김 1/2장, 검은깨 조금,
장어 3조각, 오이 1/4개,
붉은 살 참치
(넓적하게 썬 것) 3조각,
날치알(2가지 색깔) 8큰술

게맛살 샐러드
게맛살 2줄,
마요네즈 1/2큰술, 설탕 조금

장어 소스
간장 4큰술, 설탕·물엿 1큰술씩,
맛술 2작은술

1 **장어 소스 만들기** 분량의 재료를 냄비에 담고 약한 불에서 반으로 졸여 장어 소스를 만든다.

2 **장어 굽기** 손질한 장어를 적당히 토막 낸 뒤 장어 소스를 발라 그릴에 3분 정도 굽는다. 적당히 구워지면 꺼내서 장어 소스를 한 번 덧바른다.

3 **장어·오이 올려 말기** 구운 김 위에 배합초 섞은 초밥을 펴고 검은깨를 뿌려 뒤집은 다음, 구운 장어와 길게 채 썬 오이를 가지런히 올리고 랩으로 싼 김발로 롤을 만든다.

4 **참치·게맛살 올리기** 넓적하게 썬 붉은 살 참치를 롤 위에 올려서 감싸고, 게맛살을 잘게 다져서 마요네즈와 설탕으로 버무린 뒤 롤 위에 가지런히 올려놓는다.

5 **랩으로 싸서 썰기** 롤이 흐트러지지 않도록 랩으로 감싸서 모양을 잡은 뒤, 랩을 씌운 채 6~8등분으로 썰고 랩을 벗긴다.

6 **날치알 올리기** ⑤의 롤을 접시에 담고 색색으로 준비한 날치알을 롤 위에 얹어 낸다.

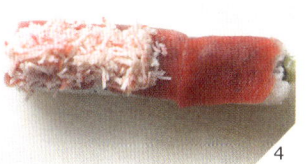

tip 날치알 색깔 내기

날치알은 원래 투명하고 옅은 미색을 띠지만 대형할인점 식품매장에 가면 주황색, 연두색, 빨간색 등 다양한 색깔의 식용색소로 염색해 놓은 것들을 볼 수 있어요. 연미색의 날치알에 녹색의 와사비를 넣으면 예쁜 연두색으로 변하고, 치자가루를 넣으면 노란색이 돼요.

참치 뱃살로 만든 새콤달콤한 롤 # 참치 롤

붉은 참치 뱃살(도로)을 갈아 얹은 참치 롤. 마늘 소스를 끼얹어 부드럽고 달콤하다.
입안 가득 퍼지는 참치의 맛과 아삭하게 씹히는 오이와 덴가스가 입맛을 돋운다.

1인분

밥 1/2공기,
배합초(식초 2작은술,
설탕 1작은술, 소금 조금),
구운 김 1/2장,
붉은 살 참치 30g(2줄),
오이 1/4개, 와사비 조금

덴가스
튀김가루 1/3컵, 얼음물 1/3컵,
식용유 적당량

마늘 소스
다진 마늘 1큰술,
마요네즈 2큰술,
삶은 달걀 1/2개, 양파 1/4개

1 **재료 준비하기** 참치는 반은 굵고 긴 막대 모양으로 썰고, 반은 잘게 다진다. 오이는 채 썬다.

2 **김 위에 밥 올리기** 구운 김 위에 배합초 섞은 초밥을 고르게 펼친 후 뒤집어서 김이 위로 가게 한다.

3 **재료 올려 말기** 김 가운데에 와사비를 한 줄 바르고 앞쪽에 채 썬 오이를 가지런히 올린 다음 참치를 한 줄 올려놓고 김발로 꼭꼭 만다.

4 **덴가스 묻히기** 튀김가루에 얼음물을 섞어서 끓는 기름에 흩뿌리듯 넣고 튀겨 덴가스를 만든다. 튀겨낸 덴가스를 도마 위에 뿌리고 ③의 롤을 굴려 덴가스 옷을 입힌다.

5 **썰어서 참치 올리기** 완성된 롤을 8등분으로 고르게 썰고, 잘게 다져 놓은 참치를 롤 위에 올린다.

6 **소스 뿌리기** 접시에 롤을 담고 분량의 재료를 믹서에 돌려 걸쭉하게 만든 마늘 소스를 끼얹는다.

3

5

tip 참치회는 그대로 먹는 것이 제맛을 즐기는 비결이에요

참치는 흔히 참기름에 찍어서 김에 싸 먹어요. 참기름의 고소한 맛이 참치의 맛을 상승시켜 주기 때문이죠. 하지만 참치 특유의 맛을 제대로 느끼려면 그대로 먹는 것이 더 좋습니다. 레몬즙을 짜서 횟감에 뿌리는 것도 마찬가지예요. 레몬의 산 성분이 신선도를 높여 주기는 하지만, 회 고유의 맛을 반감시킬 수 있다는 것을 잊지 마세요.

폭탄이 터지듯 화끈한 맛 # 다이너마이트 롤

바삭한 새우튀김과 신선한 오이, 고소한 땅콩가루가 들어간 다이너마이트 롤.
매콤한 고추장 소스가 어울려 폭탄이 입안에서 터지듯 화끈한 맛을 선사한다.

밥 1/2공기,
배합초(식초 2작은술,
설탕 1작은술, 소금·
맛술 조금씩),
구운 김 1/2장, 오이 1/3개,
중간 크기 새우 2마리,
튀김가루·얼음물 1컵씩,
식용유 적당량, 땅콩가루 조금

고추장 소스
고추장 1큰술,
마요네즈 1큰술, 설탕 1작은술,
콜라·참기름 조금씩

1 **초밥 만들기** 식초, 설탕, 소금, 맛술을 섞어 전자레인지에서 낮은 온도로 잠깐 돌려 녹인 후 밥에 고루 섞는다.

2 **새우 튀기기** 새우는 머리를 떼어내고 꼬리만 남긴 채 껍데기를 벗기고 등 쪽의 내장을 제거한다. 손질한 새우는 튀김가루를 살짝 묻히고 튀김옷을 입혀서 끓는 기름에 튀겨낸다.

3 **덴가스 만들기** 남은 튀김옷은 끓는 기름에 뿌리듯이 넣어 튀김옷 가루인 덴가스를 만든다.

4 **새우 올려 말기** 구운 김 1/2장 위에 초밥을 골고루 펴서 뒤집은 다음, 김 위에 새우튀김 2개와 채 썬 오이를 가지런히 올리고 랩으로 싼 김발로 잘 만다.

5 **덴가스 묻히기** ④의 롤을 ③의 덴가스 위에서 굴려 두껍게 덴가스 옷을 입힌다.

6 **썰어서 소스 뿌리기** 칼에 물을 묻히고 ⑤의 롤을 7~8조각이 나오도록 고르게 썰어서 접시에 담는다. 분량의 재료를 섞어 만든 고추장 소스를 뿌린다.

2

4

tip **새우튀김을 맛있게 만들려면**

새우를 튀길 때 일반적인 튀김 온도인 180℃보다 더 뜨겁게 해서 재빨리 튀기면 더욱 바삭하게 튀길 수 있어요. 바삭한 튀김옷이 더 많이 붙은 새우튀김을 원한다면 기름에 튀길 때 젓가락으로 새우를 살짝 들어 튀김옷을 새우에 뿌리듯이 덧입히세요. 이렇게 해서 다시 튀기면 한결 바삭해진답니다.

파인애플과 참치, 체다 치즈의 환상적 조화 ## 아일랜드 롤

달콤새콤한 파인애플과 살살 녹는 고소한 흰 살 참치, 땅콩가루, 수북하게 쌓인 체다 치즈까지…
토핑한 재료들의 다양한 맛이 독특하게 어울린다.

재료

밥 1/2공기,
배합초(식초 2작은술,
설탕 1작은술, 소금·
맛술 조금씩), 구운 김 1/2장,
파인애플 50g(길게 썬 것 1줄),
흰 살 참치 50g(길게 썬 것 1줄),
오이 1/3개, 피망 1/4개,
날치알 1큰술,
땅콩가루·체다 치즈 조금씩

참깨 소스

볶은 참깨 1/2큰술,
김 후리가케 1작은술,
올리고당 1/2작은술,
마요네즈 1큰술, 혼다시 조금

---

1 **초밥 만들기** 식초, 설탕, 소금, 맛술을 섞어 전자레인지에서 낮은 온도로 잠깐 돌려 녹인 후 밥에 고루 섞는다.

2 **재료 준비하기** 참치와 파인애플은 김 크기에 맞춰서 긴 막대 모양으로 썰고, 오이는 껍질을 벗겨 적당한 굵기로 채 썬다.

3 **재료 올리기** 구운 김 1/2장 위에 초밥을 골고루 편 다음 뒤집어서 참치, 파인애플, 채 썬 오이를 가지런히 올린다.

4 **말아서 썰기** 랩으로 싼 김발로 꼭꼭 눌러 가며 잘 만 다음, 칼에 물을 바르고 7~8조각이 나오도록 고르게 썰어서 접시에 담는다.

5 **토핑하기** 피망은 잘게 다지고, 땅콩은 잘게 부수고, 체다 치즈는 채칼이나 제스터로 곱게 갈아 롤 위에 골고루 뿌린다. 날치알도 넉넉히 뿌려 장식한다.

6 **참깨 소스 뿌리기** 참깨 소스 재료를 분량대로 섞어서 롤에 뿌리거나 접시 한쪽에 담아 낸다.

3

5

tip 흰 살 참치와 붉은 살 참치는 용도에 따라 구분하세요

참치는 부위에 따라 색이 다르고 맛도 달라요. 뽀얀 색의 흰 살 참치는 부드럽고 맛은 좋지만 지방질이 많은 편이에요. 붉은 살 참치는 지방질이 적어 맛이 담백하답니다. 콜레스테롤이 걱정된다면 붉은 살 참치를, 고소한 맛을 즐기려면 흰 살 참치를 이용하세요.

길~게 늘어나는 모차렐라 치즈 롤 # 치즈 돈가스 롤

돈가스를 넣고 만 롤 위에 듬뿍 얹은 모차렐라 치즈가 환상적으로 늘어나는 롤.
싱싱한 양상추와 양파가 듬뿍 들어가 느끼하지 않고 씹는 맛도 좋다.

1인분

밥 1/2공기,
배합초(식초 2작은술,
설탕 1작은술, 소금·
맛술 조금씩), 구운 김 1/2장,
돼지고기 목살(돈가스용) 100g,
밑간(소금·후춧가루 조금씩),
밀가루 1/2컵, 달걀 1개,
빵가루 1/2컵, 양상추 1장,
양파 1/4개, 오이 1/4개,
모차렐라 치즈 60g
(모차렐라 치즈가루 1/2컵),
돈가스 소스 또는
데리야키 소스 적당량,
파르메산 치즈가루 적당량

1. **돈가스 만들기** 돼지고기 목살을 조금 두툼하고 넓적한 돈가스용으로 준비해 소금과 후춧가루로 밑간한 후, 밀가루, 달걀물, 빵가루의 순서로 묻혀 180℃로 끓는 기름에 속이 잘 익도록 튀긴다.
2. **돈가스 썰기** 튀긴 돈가스는 롤에 넣을 수 있도록 길게 자른다. 양상추와 오이, 양파도 길고 가늘게 채 썰어 준비한다.
3. **재료 올리기** 구운 김 위에 배합초 섞은 초밥을 고르게 펼친 후 뒤집어서 김이 위로 가게 하고, 길게 자른 돈가스와 채 썬 양상추, 오이, 양파를 가지런히 올린다.
4. **말아서 썰기** 랩으로 감싼 김발로 말아서 8등분이 되도록 썬다.
5. **치즈 뿌려 굽기** 내열접시에 ④의 롤을 담고 모차렐라 치즈를 한 움큼 뿌려 180℃ 오븐이나 그릴에 5분 정도 굽는다. 적당히 구워져서 치즈가 완전히 녹아내리면 돈가스 소스 또는 데리야키 소스를 끼얹고 파르메산 치즈가루를 솔솔 뿌린다.

1

3

tip 돈가스를 맛있게 만들려면

롤에 들어가는 돈가스용 고기는 기름기가 없는 살코기가 좋아요. 목살은 기름기가 없으면서도 너무 퍽퍽하지 않아 훨씬 깊은 맛이 난답니다. 일식 돈가스처럼 바삭한 맛을 내려면 식빵의 가장자리를 말려 믹서에 굵게 갈아 쓰세요. 시중에서 파는 빵가루는 건조된 상태이기 때문에 튀겨도 바삭한 맛이 덜하거든요.

갈아서 더욱 부드러운 아보카도의 맛 **미드나이트 선**

곱게 간 아보카도와 게맛살을 함께 버무려 속을 채운 롤.
연어로 다시 한 번 감싸고 마요네즈 소스를 발라 구워 더욱 부드럽고 고소한 맛이 난다.

3인분

밥 1/2공기,
배합초(식초 2작은술,
설탕 1작은술, 소금·
맛술 조금씩), 구운 김 1/2장,
훈제연어 슬라이스 5장(100g)

게맛살 샐러드
아보카도 1/3개, 게맛살 2줄,
오이 1/4개

스파이시 마요네즈 소스
마요네즈 2큰술,
핫 소스·날치알 조금씩

1 **게맛살 샐러드 만들기** 게맛살은 결대로 잘게 찢고, 아보카도 과육은 믹서에 간다. 함께 섞어 게맛살 샐러드를 만든다.

2 **김 위에 올리기** 랩으로 감싼 김발 위에 구운 김 1/2장을 펴고 배합초 섞은 초밥을 김 바깥까지 넓게 골고루 펼쳐 뒤집는다.

3 **재료 올려 말기** 김 위에 게맛살 샐러드와 채 썬 오이를 올리고 랩으로 감싼 김발로 조심스럽게 만다.

4 **연어로 감싸기** ③의 롤 위에 연어를 올려놓고 랩으로 싸서 김발로 살살 누르며 동그랗게 모양을 잡는다.

5 **고르게 썰기** 랩으로 싼 상태에서 모양이 흐트러지지 않게 8등분으로 썬다. 랩은 벗겨낸다.

6 **소스 발라 굽기** ⑤의 롤을 내열접시에 담고 스파이시 마요네즈 소스를 바른다. 소스가 연한 갈색이 될 때까지 오븐에 굽는다.

1

3

5

tip 아보카도 손질하기

❶ 아보카도를 칼로 길게 한 바퀴 돌려 자른 다음, 양손으로 잡고 비튼다. 씨가 한쪽으로 떨어지면서 반으로 나뉜다.
❷ 칼로 씨를 톡 쳐서 씨가 칼날에 박히게 한 다음 비틀어 빼낸다.
❸ 껍질과 과육 사이로 숟가락을 넣어 과육을 발라낸다.

튀긴 감자채가 바삭바삭 # 허니문 롤

상추와 양파, 오이에 베이컨을 구워 올려 영양의 조화를 살린 롤.
신선한 채소와 고기의 어울림이 훌륭하다. 정형화된 틀에서 벗어나 변화를 준 퓨전 롤.

1인분

밥 1/2공기,
배합초(식초 2작은술,
설탕 1작은술, 소금·
맛술 조금씩), 구운 김 1/2장,
베이컨 3~4조각, 상추 2장,
오이 1/3개, 양파 1/4개,
감자 1개, 땅콩가루 조금
허니머스터드소스 1큰술

고추장 소스

고추장 1큰술,
마요네즈 1큰술, 설탕 1작은술,
콜라·참기름 조금씩

1 **감자 튀기기** 감자는 채칼로 가늘게 채 썰어 끓는 기름에 살짝 튀겨 놓는다.

2 **베이컨 굽기** 베이컨은 프라이팬에서 살짝 구운 뒤 냅킨으로 눌러 기름을 뺀다.

3 **김 위에 밥 올리기** 구운 김 1/2장 위에 배합초 섞은 초밥을 골고루 편 다음 김이 위로, 밥이 아래로 가게 뒤집는다.

4 **재료 올려 말기** 김 위에 상추를 깔고 채 썬 양파와 오이, 베이컨을 올린 뒤 랩으로 싼 김발로 조심스럽게 만다. 7~8조각이 나오도록 고르게 썬다.

5 **토핑하고 소스 뿌리기** ④의 롤을 접시에 담고 튀긴 감자채와 땅콩가루를 넉넉히 뿌린 다음 고추장 소스와 허니머스터드소스를 곁들여 낸다.

tip **감자를 바삭하게 튀기려면**

감자를 좀 더 바삭하게 튀기고 싶다면 채 썰어서 30분 정도 물에 담가 두었다가 튀기세요. 녹말이 빠져서 질감이 한결 바삭해요. 이때 감자의 물기를 잘 닦아서 튀겨야 합니다. 물기가 있으면 기름이 튀어서 데일 수 있어요. 시간이 지나 감자튀김이 눅눅해졌다면 마른 팬에 한 번 볶아내세요. 바삭함이 살아나요.

참치가 달콤하게 사르르 # 참치스테이크 초밥

참치의 붉은 살을 얇게 저며서 그릴에 살짝 구우면 부드러운 참치스테이크가 된다.
새콤한 초밥과 살살 녹는 참치의 조화가 일품이다.

밥 1/2공기,
배합초(식초 2작은술,
설탕 1작은술, 소금·레몬즙
조금씩), 붉은 살 참치 80g,
와사비·실파·통깨 조금씩

1 **참치 해동시키기** 냉동 참치는 미지근한 소금물에 담가 해동시킨다. 칼이 들어갈 정도로 겉이 살짝 녹으면 꺼내 거즈에 싸서 물기를 닦는다.

2 **참치 썰기** 물기를 제거한 참치는 2cm 정도의 폭, 7~8cm 정도의 길이로 얇게 썬다.

3 **석쇠에 굽기** 손질한 참치를 석쇠에 살짝 굽는다. 안쪽까지 익으면 맛이 떨어지므로 석쇠에서 한쪽 표면만 살짝 익혀 석쇠 자국이 나도록 한다.

4 **초밥 뭉치기** 식초에 설탕, 소금을 녹여서 만든 배합초를 뜨거운 밥에 조금씩 넣고 골고루 섞어 초밥을 만든다. 손에 물을 묻히고 초밥을 적당히 뭉쳐 모양을 낸다.

5 **참치 올리기** 초밥에 와사비를 찍어 바르고 구운 참치를 올린다.

6 **장식하기** 실파를 송송 썰어 올리고 통깨를 솔솔 뿌린다.

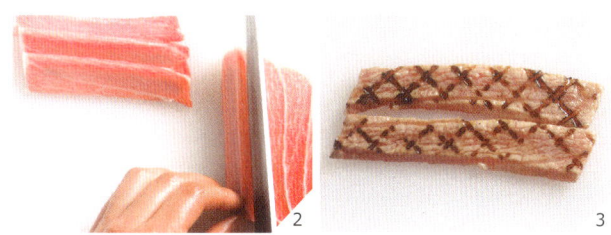

tip **초밥용 밥을 맛있게 준비하려면**
스시의 밥은 쌀알 하나하나가 살아 있으면서 전체적인 조화를 이뤄야 해요. 너무 질면 끈끈해서 밥알이 서로 붙어 버려 맛이 없고, 너무 꼬들꼬들해도 밥알이 따로 놀아 좋지 않아요. 스시는 적당히 온기가 남아 있을 때 만들어야 가장 맛있어요.

자몽 속살 위에 쫀득한 흰 살 생선회 **자몽 스시**

상큼하면서 다소 쏩쓸한 맛이 나는 자몽과 쫀득한 흰 살 생선회, 짭짤하고 새콤한 우메보시 소스가 조화를 이룬 색다른 맛의 스시. 맛이 깔끔해 디저트로 좋은 미식가용 요리다.

재료

자몽 1/2개,
흰 살 생선회(광어 또는 도미)
100g, 실파 조금

우메보시 소스
우메보시 3개, 사과 1/2개,
당근·양파 1/4개씩,
올리브오일 5큰술,
식초 1½큰술

1 **자몽 잘라 준비하기** 자몽은 결대로 잘라 세로로 8등분한 후 껍질에서 과육을 분리한다. 껍질을 벗기고 쪽대로 분리해도 된다.

2 **우메보시 소스 만들기** 우메보시, 사과, 당근, 양파를 믹서에 넣고 간 후 올리브오일과 식초를 넣고 잘 섞는다.

3 **자몽에 회 올리기** 흰 살 생선회를 자몽 조각보다 조금 크게 썰어 자몽 위에 올린다.

4 **장식하기** ③의 재료 위에 우메보시 소스를 넉넉히 뿌린 후 실파를 송송 썰어 얹는다.

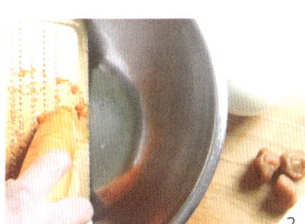

tip **눈으로 즐기는 자몽 스시**

자몽 스시는 디저트로 어울리는 요리예요. 디저트로 낼 때 투명한 유리그릇 위에 빙수기로 간 얼음을 깔고 다른 과일들과 함께 준비해 보세요. 한결 신선하고 시원한 상태를 유지할 수 있어요. 눈으로 보는 재미가 있을 뿐 아니라 신선하게 먹을 수 있어 더욱 좋답니다.

일본 대표 발효식품, 우메보시

세계 최장수 국가인 일본을 대표하는 발효식품인 우메보시는 매실에 소금을 넣고 절인 거예요. 처음 먹는 사람은 얼굴을 찡그릴 정도의 신맛이 나지만, 그러면서도 그 신맛의 매력 때문에 자주 찾게 된답니다. 만든 지 100년이 지나도 먹을 수 있을 정도로 강력한 살균 작용을 하는 매실은 건강을 지켜 줄 뿐만 아니라 신맛이 입맛도 돋워 줘요.

예쁘고 맛있게 준비하는 도시락 테크닉

롤과 스시로 센스 만점 도시락 싸기

평소에 고마웠던 분들이나 가족들, 사랑하는 사람들에게 주는 도시락에 마음을 담아 보세요.
롤과 스시로 정성 가득한 도시락을 준비할 수 있어요. 나들이용으로, 색다른 점심으로, 선물용으로 준비하는
센스 만점 도시락. 알고 보면 쉬운 도시락 싸기, 도전해 보세요!

idea 1 칸칸이 구분된 도시락을 활용한다

롤과 스시를 담을 때는 칸이 나뉘어져 있는 도시락 통에 구분해서 담는 게 가장 좋다. 칸이 없는 통이라면 기름종이나 유산지 등을 깔고 담는다. 롤과 스시는 모양도 다르고 롤 위에 올린 토핑 재료가 스시에 묻으면 섞이기 쉽기 때문에 따로 담는 게 좋다. 초생강, 단무지, 락교 등의 곁들이 반찬도 작은 일회용 쿠킹 컵에 따로 담으면 깔끔하다. 간단하게 싼다고 작은 도시락 통에 이것저것 넣다 보면 재료끼리 섞여 음식이 망가져 버리기 쉬우므로 쿠킹 컵을 활용해 구분하고, 쿠킹 컵이 없을 때는 랩이나 알루미늄 포일을 이용해도 된다.

idea 2 색감을 살려 화려하게 준비한다

같은 음식이라도 색깔을 맞춰 담으면 한결 먹음직스럽다. 색깔이 다양한 각종 채소나 허브, 과일 등을 이용해 도시락을 알록달록하게 장식해 보자. 롤과 스시의 재료로 색의 변화를 주는 것도 효과 만점. 밥에 깨나 잡곡을 넣거나, 롤에 갖가지 색의 재료를 넣어 만든다. 3가지 이상의 서로 다른 색깔이 들어가게 하는 것이 화려한 도시락을 만드는 비결이다.

idea 3 소스와 반찬, 국물 등의 곁들이는 따로

롤이나 스시의 밥에 소스나 반찬국물이 묻으면 그 부분의 밥알이 붇는 것은 물론 보기에도 맛깔스럽지 않다. 국물이 있는 반찬은 밀폐용기에 담거나 랩에 싸서 담는다. 음식점에서 주는 일회용 소스를 모아 두었다가 함께 넣거나 소스 용기, 투명한 병 등을 모아 두었다가 활용하면 편리하다. 상추나 치커리, 겨자 잎 같은 푸른 잎을 깨끗이 씻어 물기를 완전히 제거한 후 롤과 반찬 사이, 또는 반찬과 반찬 사이에 넣는 것도 좋은 방법이다.

idea 4 뜨거운 음식은 식혀서 담는다

튀김이나 구이 등이 들어간 롤 등 뜨거운 음식은 바로 담지 말고 김이 나지 않을 정도로 식혀서 담는다. 뜨거운 것을 바로 담으면 수증기가 도시락에 고여 있다가 음식물에 떨어져 맛이 없어질 뿐만 아니라, 음식이 쉽게 상할 수도 있기 때문이다. 특히 롤과 스시 도시락에 있어서 주의할 점은 반나절 안에 음식을 먹어야 한다는 것이다. 주재료인 생선회는 싱싱해야 제맛이 난다.

idea 5 따뜻한 국물까지 곁들이면 만점

간편하게 먹는 것이 도시락이라고 하지만 롤과 스시 등을 먹을 때 국물이 없으면 목이 메어 잘 넘어가지 않는다. 국물은 도시락 전문점에서 주는 국물 용기나 도시락용 물통을 이용하고, 날씨가 추울 때는 작은 보온병에 담는다. 여름에는 시원한 냉국을 싸면 센스 만점의 도시락이 된다. 만약 따로 국물을 준비하지 않았다면 국물 대신 새콤한 과일을 곁들여도 좋다. 과일은 음식 옆에 칸막이로 분리해서 담으면 간편하다.

idea 6 포장에도 노하우가 있다

다양한 용기를 활용한다 밥과 반찬을 넣는 일반적인 형태의 도시락 통이 아니더라도 도시락을 쌀 수 있는 용기들은 많다. 나들이용 도시락이라면 큰 피크닉 바구니. 점심 도시락이라면 종이나 천연소재로 만든 조그마한 상자 안에 담아 보자. 또는 음식점의 포장용 상자나 먹고 남은 용기, 봉투 등을 챙겨 두었다가 사용하면 좋다.

냅킨과 물수건, 수저까지 챙기는 센스! 일회용 수저나 나무젓가락이 편리하기는 하지만 쓰레기를 만드는 것도 좋지 않고 정성이 없어 보인다. 이왕이면 예쁜 수저를 케이스에 담아 주자. 또 물수건이나 냅킨을 챙겨 주는 것도 좋은 아이디어. 더운 날이라면 전날 물에 적신 수건을 지퍼백이나 비닐봉지에 넣어 준다. 롤이나 스시를 먹기 전과 후에 물수건이 유긴하게 쓰인다.

건강 도시락 싸기

도시락을 쌀 때는 칼로리와 영양의 균형을 생각해야 한다. 맛을 좋게 하는 것은 물론, 칼로리를 낮추기 위해서는 다양한 재료를 사용한 롤과 스시를 싸는 것이 좋다. 고기 대신 채소와 과일의 비율을 높이거나 밥, 감자 등의 탄수화물을 줄여 비타민과 미네랄이 풍부한 롤과 스시를 만든다. 조리법도 튀기거나 볶는 조리법은 되도록 줄이고, 삶거나 익혀서 재료를 준비한다. 설탕과 소금의 양도 되도록 줄이고 식초의 양을 늘린다. 피크닉 도시락의 경우, 평소와는 다른 기분을 느껴 안 먹던 것도 먹는 경우가 많기 때문에 편식하는 아이들의 버릇을 고칠 수 있는 기회로 삼을 수도 있다. 균형 있고 영양가 높은 도시락으로 사랑하는 이들의 건강까지 챙기자.

Roll & Sushi

셰프의 비법 전문 레스토랑 롤 & 스시

입소문난 롤 & 스시 전문점 5곳의 특급 셰프 레시피를 찾았어요. 전문점에서만 맛볼 수 있는 특별한 맛의 비법이 친절히 소개되어 있어, 집에서도 풍부한 맛의 롤과 스시를 즐길 수 있어요.

- **위치** 지하철 2호선 신촌역 3번 출구에서 민들레영토 방향 형제갈비 맞은편
- **영업시간** 11:30 ~ 21:30
- **문의** 02-392-7800
- **주차** 유료 주차장

캘리포니아 롤의 대중화 시대를 열다
스시 캘리포니아

누구나 즐겨 먹을 수 있도록 값싸고 품질 좋은 퓨전 스시를 국내에서 대중화시킨 롤 전문점. 체인점으로 운영되는 스시 캘리포니아는 2001년 창립돼 300여 가지의 메뉴를 정기적으로 공개해 왔다.

스시 캘리포니아의 롤은 너무 두껍거나 느끼하지 않아서 여성들이 좋아하는 롤로 손꼽힌다. 주문과 동시에 주방장들의 빠른 손놀림으로 롤이 순식간에 만들어져 나올 뿐 아니라, 깔끔한 분위기에서 식사를 즐길 수 있다. 부담 없는 가격으로 다양한 캘리포니아 롤과 스시를 즐기고 싶다면 언제든지 OK!

무지갯빛 7가지 스시의 맛 # 레인보우 롤

아보카도와 게살이 들어간 기본 캘리포니아 롤에 도미·광어·연어·참치 등 여러 가지 회를 얹은 응용 롤. 색이 화려하고 아보카도 소스가 색다른 맛을 더한다.

1인분

밥 1/2공기,
배합초(식초 2작은술,
설탕 1작은술, 소금 조금),
구운 김 1/2장,
통깨 · 실파 조금씩,
아보카도 1/5개, 게맛살 2줄,
도미 · 생연어 · 초밥용 새우 ·
붉은 살 참치 · 흰 살 참치 ·
광어 1조각씩

아보카도 소스

아보카도 1/4개, 마요네즈 1큰술,
피클 · 양파 · 설탕 조금씩

1 **초밥 만들기** 식초에 설탕, 소금을 녹여서 만든 배합초를 뜨거운 밥에 조금씩 넣고 골고루 비벼 초밥을 만든다.

2 **김 위에 밥 올리기** 김발을 랩으로 싸서 그 위에 김을 펴고 초밥을 올려 골고루 펼친 다음 깨를 뿌리고 밥알이 아래로, 김이 위로 가도록 뒤집는다.

3 **재료 올리기** 김 위에 슬라이스 한 아보카도와 잘게 썬 게맛살을 길게 올린다.

4 **둥글게 말기** 양손으로 김의 끝부분을 잡고 몸 쪽으로 잡아끌듯이 김발을 당기면서 둥글게 만다.

5 **생선 올려 랩으로 말기** 길게 만 롤 위에 생선을 종류별로 하나씩 얹고 랩을 씌워 김발로 모양을 잡은 다음 랩은 벗겨낸다.

6 **썰기** 생선회를 얹은 롤을 7등분으로 고르게 썰어 접시에 담고 송송 썬 실파를 올린다.

7 **아보카도 소스 뿌리기** 아보카도와 마요네즈, 피클, 양파, 설탕을 믹서에 넣고 곱게 갈아서 아보카도 소스를 만들어 롤에 곁들여 낸다.

3

5

tip 스시를 맛있게 먹으려면

모둠 생선은 흰 살 생선에서 붉은 살 생선 순으로 먹는 게 제맛을 즐기는 비결이랍니다. 광어, 도미 등 흰 살 생선부터 오징어, 흰 살 참치, 붉은 살 참치 순으로 드세요. 각각의 스시 맛을 잘 느끼려면 초생강이나 녹차로 입안에 남은 맛을 씻어낸 다음 다른 생선을 드세요. 접시에 낼 때 롤의 색깔을 화려하게 하려면 서로 색깔이 다른 생선을 옆에 놓는 것이 좋아요.

장어와 크림치즈로 장식한 물방울 모양 롤 # 체리블로섬 롤

이름 그대로 체리가 피어 있는 듯 예쁜 모양의 롤. 장어와 연어, 붉은 살 참치 등 다양한 맛을 즐길 수 있을 뿐 아니라 크림치즈를 넣어 고소하고 부드러운 맛이 일품이다.

재료

밥 1/2공기,
배합초(식초 2작은술,
설탕 1작은술, 소금 조금),
구운 김 1/2장, 통깨 조금,
아보카도 1/4개,
길게 저민 장어 2조각,
크림치즈 1줄,
무순 조금, 게맛살 1줄,
생연어 3조각,
붉은 살 참치 3조각,
캐비아 조금

아보카도 소스
아보카도 1/4개, 마요네즈 1큰술,
피클·양파·설탕 조금씩

장어 소스
간장 1/2컵, 설탕·물엿 2큰술씩,
맛술 1큰술, 생강즙 조금

1 **장어 조리기** 간장, 설탕, 물엿, 맛술, 생강즙을 약한 불에서 졸여 장어 소스를 만든 뒤 장어를 넣고 조려 간이 배게 한다. 간이 배면 꺼내서 슬라이스 한다.

2 **초밥 만들기** 식초에 설탕, 소금을 녹여서 만든 배합초를 뜨거운 밥에 조금씩 넣고 골고루 비벼 초밥을 만든다. 김발을 랩으로 싸서 그 위에 김을 펴고 초밥을 올려 골고루 펼친다.

3 **김에 크림치즈 바르기** 고르게 펼쳐 놓은 밥에 통깨를 뿌리고 밥알이 아래로, 김이 위로 가도록 뒤집어서 김 위에 크림치즈를 한 줄 바른다.

4 **재료 올려 말기** 무순을 롤의 양끝으로 2cm 정도 나오도록 올리고, 장어 슬라이스와 길게 썬 아보카도, 길게 찢은 게맛살을 올린다. 양손으로 김 아래쪽을 잡고 김발을 몸 쪽으로 당기며 둥글게 만다.

5 **토핑하기** 롤 위에 사선으로 연어와 붉은 살 참치를 얹고, 아보카도 슬라이스 3조각을 사이사이에 올려놓는다.

6 **모양 잡아 썰기** 랩을 씌워 김발로 한쪽 끝을 납작하게 눌러서 물방울 모양이 되게 한 다음, 랩을 벗기고 8등분으로 썬다.

7 **캐비아로 장식하기** 캐비아를 롤 중간에 올려 장식하고, 아보카도와 마요네즈, 피클, 양파, 설탕을 믹서에 넣고 곱게 갈아서 만든 아보카도 소스를 곁들여 낸다.

4

5

6

tip 롤을 물방울 모양으로 만들려면
바닥에 놓고 롤을 말다가 둥근 모양이 만들어지기 시작하면 손으로 들어 롤 한쪽이 터지지 않도록 조심하면서 살짝 누르세요. 랩으로 싼 상태에서 롤을 썰면 랩이 안으로 들어갈 수 있으니 랩을 벗긴 후에 옆으로 비스듬하게 뉘어 놓고 쓰세요.

붉은 참치 옷을 입은 담백한 맛의 롤 # 루비 롤

'빅 아이'라고 불리는 붉은 참치로 둘러싼 롤 안에는 두 가지 스시와 아보카도가 들어 있다.
롤과 스시를 동시에 맛보고 싶다면 루비 롤을 만들어 보자.

재료

밥 1/2공기,
배합초(식초 2작은술,
설탕 1작은술, 소금 조금),
구운 김 1/2장, 통깨·실파·
와사비 조금씩,
저민 흰 살 참치 2조각,
저민 흰 살 생선
(광어 또는 도미) 2조각,
저민 붉은 살 참치 6조각,
아보카도 1/5개

1 **초밥 만들기** 식초에 설탕, 소금을 녹여서 만든 배합초를 뜨거운 밥에 조금씩 넣고 골고루 비벼 초밥을 만든다.

2 **김에 와사비 바르기** 랩으로 감싼 김발 위에 김 1/2장을 얹고 초밥을 올려 골고루 펼친다. 여기에 통깨를 뿌리고 밥이 아래로 향하게 뒤집어서 김 위에 와사비를 한 줄 바른다.

3 **재료 올리기** 와사비 위에 흰 살 참치, 광어, 도미, 슬라이스 한 아보카도를 차례대로 길게 올리고 송송 썬 실파를 뿌린다.

4 **롤 말기** 양손으로 김 아래쪽을 잡고 김발을 몸 쪽으로 당기면서 둥글게 만다.

5 **붉은 살 참치 올려 말기** 말아 놓은 롤 위에 얇게 저민 붉은 살 참치 6조각을 사선으로 빈틈없이 펼쳐 올리고 랩으로 감싼 다음 김발로 말아 동그랗게 모양을 잡는다.

6 **썰어서 간장 곁들이기** 롤을 8등분으로 고르게 썬 뒤 랩을 벗기고 접시에 가지런히 담는다. 실파를 송송 썰어 장식하고 와사비간장과 함께 낸다.

tip 롤을 깔끔하게 썰려면

롤을 써는 데도 테크닉이 필요해요. 롤을 으스러지지 않게 썰려면 칼이 잘 들어야 하는 것은 물론이고, 칼질하는 방법이 중요하지요. 한 번에 써는 게 아니라 톱질하듯이 칼을 위아래로 움직이면서 썰어야 매끈하게 썰어진답니다. 잘 들지 않는 칼은 칼갈이에 갈거나 알루미늄 포일을 자르면 날카로워져요. 칼날에 물을 묻히고 써는 것도 요령이에요.

오렌지 빛 연어가 롤을 감쌌다 # 알래스카 롤

아보카도와 향 좋은 훈제연어를 넣은 롤을 고운 빛깔의 생연어로 감싸 연어의 맛을 그대로 살린 롤.
두 가지 방법으로 조리한 연어가 들어 있어 맛이 오묘하다.

1인분

밥 1/2공기,
배합초(식초 2작은술,
설탕 1작은술, 소금 조금),
구운 김 1/2장, 통깨 조금,
게맛살 1줄, 아보카도 1/5개,
훈제연어 2조각,
생연어 6조각, 레몬 2조각

와사비간장
간장 1큰술, 와사비 조금

1 **초밥 만들기** 식초에 설탕, 소금을 녹여서 만든 배합초를 뜨거운 밥에 조금씩 넣고 골고루 비벼 초밥을 만든다.

2 **김 위에 밥 올리기** 랩으로 감싼 김발 위에 김 1/2장을 올리고 김 위에 초밥을 올려서 양손으로 넓혀 가면서 촘촘히 편 뒤 통깨를 뿌려 뒤집는다.

3 **재료 올리기** 김 위에 길게 슬라이스 한 아보카도와 잘게 썬 게맛살, 훈제연어 2조각을 얹는다.

4 **롤 말기** 양손에 물을 묻힌 뒤 김 아래쪽을 잡고 김발을 몸 쪽으로 당기면서 조금씩 말아 롤을 만든다.

5 **생연어 올리기** 생연어 6조각을 사선으로 펴서 빈틈없이 올리고 랩을 씌운다. 김발로 모양을 잡아 단단히 만 뒤 랩을 벗겨낸다.

6 **썰기** 8등분으로 고르게 썰어 접시에 비스듬하게 담고 레몬을 곁들인다. 와사비간장과 함께 낸다.

3

5

tip 레몬즙은 미리 뿌리지 마세요

연어 위에 레몬을 오래 올려놓으면 연어살이 산화되어 색깔이 누렇게 된답니다. 레몬은 상에 내기 직전에 올리는 것이 좋아요. 거의 모든 생선들이 레몬즙을 미리 뿌려 두면 금방 산화되어 색이 변하니 주의하세요. 얇게 슬라이스 한 연어는 살이 찢어지기 쉬우니 잘 다루는 것이 중요해요.

스파이시 롤

날치알이 촘촘히 박힌 롤 위에 해초

스파이시 튜나를 넣어 매콤하고, 날치알이 촘촘히 박혀 있어 톡톡 터지는 맛이 좋다.
롤 위에 해초를 얹어 시원한 바다의 맛을 느낄 수 있다.

1인분

밥 1/2공기,
배합초(식초 2작은술,
설탕 1작은술, 소금 조금),
구운 김 1/2장, 통깨·무순·
주황색 날치알·와사비 조금씩,
오이 1/4개

스파이시 튜나

붉은 살 참치 1줌,
다진 대파 1/2작은술,
칠리소스 1큰술, 참기름 3방울,
날치알·깨소금 조금씩

해초 샐러드

다양한 해초 1줌,
식초·설탕 1작은술씩

1. **초밥 만들기** 식초에 설탕, 소금을 녹여서 만든 배합초를 뜨거운 밥에 조금씩 넣고 골고루 비벼 초밥을 만든다.
2. **김 위에 밥 올리기** 랩으로 감싼 김발 위에 1/2로 자른 김을 놓고 초밥을 올려서 골고루 펼친다.
3. **날치알 뿌리고 와사비 바르기** 초밥 위에 통깨와 주황색 날치알을 골고루 뿌리고 뒤집은 다음, 김 위에 와사비를 가늘게 한 줄 바른다.
4. **스파이시 튜나 만들기** 붉은 살 참치는 깍둑썰기한 뒤 칠리소스, 참기름, 다진 대파, 날치알, 깨소금을 넣어 고루 섞는다.
5. **해초 샐러드 만들기** 해초를 깨끗이 씻어 잘게 다진 뒤 식초와 설탕을 넣어 무친다.
6. **롤 말기** ③의 김 위에 채 썬 오이를 길게 얹고, 스파이시 튜나를 가지런히 올린다. 여기에 무순을 양끝으로 2cm쯤 나오도록 올리고 김발을 돌려 가며 롤을 만다.
7. **해초 올려 썰기** 해초 샐러드를 롤 위에 올리고 모양을 잡은 뒤 8등분으로 고르게 썰어 접시에 담는다. 완성된 롤 위에 칠리소스를 방울모양으로 뿌려 장식한다.

tip 스시 롤의 포인트, 무순

생선회와 무순은 서로 잘 어울리는 재료입니다. 롤에는 무순을 많이 넣으세요. 무순은 생선 맛과 잘 어울릴 뿐만 아니라 깔끔한 맛을 내게 해요. 무순의 비타민 C와 소화효소는 숙취를 해소하는 효과도 있어요. 특히 무순과 오이는 함께 먹으면 더욱 좋답니다.

바삭한 김 안에 매콤한 스파이시 튜나가 가득 # 매운 참치 마끼

바삭한 김말이 초밥 안에 스파이시 소스로 양념한 참치가 들어가 매콤한 맛이 난다.
입안을 깔끔하게 하는 무순과 상추가 들어 있어 모양도 맛도 그만이다.

4개분

밥 1/2공기,
배합초(식초 2작은술,
설탕 1작은술, 소금 조금),
구운 김 2장, 오이 1/3개,
상추 4장, 통깨 조금,
무순 조금

스파이시 튜나

붉은 살 참치 100g,
칠리소스 1큰술,
다진 대파 2작은술,
날치알·참기름·깨소금 조금씩

1 **재료 준비하기** 상추는 물에 씻어 적당한 크기로 자르고, 무순은 뿌리 부분을 자르고 물에 살짝 씻는다. 오이는 깨끗이 씻어 5~6cm 길이로 토막 낸 뒤 돌려 깎아 가늘게 채 썬다.

2 **초밥 만들기** 식초에 설탕, 소금을 녹여서 만든 배합초를 뜨거운 밥에 조금씩 넣고 골고루 비벼 초밥을 만든 뒤 적당한 크기로 뭉친다.

3 **스파이시 튜나 만들기** 붉은 살 참치를 깍둑썰기한 뒤 칠리소스와 다진 대파, 참기름, 날치알, 깨소금을 넣어 고루 섞는다.

4 **김에 재료 올리기** 김을 반으로 잘라 거친 면이 위로 향하게 손 위에 올리고 상추를 대각선으로 올린 다음, 채 썬 오이와 무순, 스파이시 튜나를 얹고 뭉친 초밥을 얹는다.

5 **돌돌 말기** 손바닥으로 김을 고정한 채 반대쪽 손으로 김을 돌려가며 고깔 모양으로 만다.

6 **스파이시 튜나로 장식하기** 마끼가 완성되면 스파이시 튜나를 위에 조금 더 올리고 통깨를 뿌린다.

tip **마끼는 재빨리 말아 완성하세요**

마끼를 말다 보면 김이 눅눅해져서 제 모양이 안 날 때가 많아요. 김의 바삭함을 유지하려면 속재료를 적당히 넣어 빨리 마는 게 비결이에요. 시간이 없을 때는 미리 만들어 둘 것이 아니라 각자 식성에 따라 싸 먹도록 재료를 준비해 놓으세요. 즉석에서 골라 직접 손으로 말아 가며 먹는 재미가 그만이랍니다.

새우튀김과 나초치즈 소스의 진한 키스
프렌치키스 롤

날치알이 촘촘히 박힌 롤 안에 바삭하게 튀긴 새우튀김과 크림치즈, 훈제연어, 참치가 들어 있어 다양한 맛을 즐길 수 있다. 다른 롤보다 두껍지만 그만큼 맛도 풍부한 롤.

1인분

밥 1/2공기, 배합초(식초 2작은술, 설탕 1작은술, 소금 조금), 구운 김 1/2장, 통깨·실파 조금씩, 날치알 2큰술, 크림치즈 1줄, 아보카도 1/8개, 훈제연어 2조각, 붉은 살 참치 2조각, 게맛살 1줄, 새우튀김 2개, 나초치즈 소스·장어 소스(p.71 참고) 조금씩

1 **초밥 만들기** 식초에 설탕, 소금을 녹여서 만든 배합초를 뜨거운 밥에 조금씩 넣고 골고루 비벼 초밥을 만든다.

2 **김 위에 밥 올리기** 랩으로 싼 김발 위에 반 자른 김을 올려놓고 초밥을 골고루 편다. 여기에 통깨와 날치알을 골고루 뿌리고 밥알이 아래로, 김이 위로 가도록 뒤집어서 세로로 길게 놓는다.

3 **크림치즈 바르고 재료 올리기** 김 중앙에 크림치즈를 굵게 한 줄 바른 다음, 송송 썬 실파와 슬라이스 한 아보카도, 잘게 찢은 게맛살, 길게 썬 훈제연어와 붉은 살 참치, 새우튀김을 가지런히 얹는다.

4 **김발로 말아 썰기** 김을 당겨 가면서 말아 네모나게 각이 지도록 모양을 잡은 뒤 7등분으로 썰어 접시에 담는다. 나초치즈 소스와 장어 소스를 뿌린다.

3

치즈 소스가 뿌려진 고소한 장어 롤
치지드래곤 롤

크림치즈와 게살이 들어간 부드러운 롤 위에 장어, 새우, 아보카도가 올라가 다양한 토핑을 맛볼 수 있다. 나초치즈 소스가 뿌려져 맛이 더욱 풍부하다.

1인분

밥 1/2공기, 배합초(식초 2작은술, 설탕 1작은술, 소금 조금), 구운 김 1/2장, 검은깨 조금, 크림치즈 1줄, 오이 1/5개, 게맛살 2줄, 길게 저민 장어 3조각, 초밥용 새우 3개, 아보카도 슬라이스 3조각, 날치알 3큰술, 호두 조금, 나초치즈 소스·장어 소스(p.71 참고) 조금씩

1 **김 위에 밥 올리기** 랩으로 감싼 김발 위에 김 1/2장을 펼쳐 놓고 배합초를 섞어 만든 초밥을 올려 고르게 편 뒤 검은깨를 뿌리고 뒤집는다.

2 **재료 올려 말기** 김 위에 크림치즈를 한 줄을 올리고 채 썬 오이와 길게 찢은 게맛살을 얹어 양손으로 김 아래쪽을 잡고 몸 쪽으로 당기면서 둥글게 만다.

3 **장어·새우·아보카도 올리기** 롤 위에 사선으로 저며 썬 장어와 초밥용 새우를 번갈아 올린 뒤 아보카도 슬라이스 3조각을 사이사이에 얹는다.

4 **썰어서 소스 뿌리기** 부서지지 않도록 랩으로 감싼 뒤 8등분으로 고르게 썰어 랩을 벗겨낸다. 완성된 롤을 접시에 담고 장어 소스와 나초치즈 소스를 뿌린 뒤 날치알과 호두를 올려 장식한다.

- **위치** 청담동 명품거리 루이까또즈 매장과 HR 매장 사이 골목
- **영업시간** 11:30~23:00
- **문의** 02-511-9517
- **주차** 가능

건강을 생각하는 유기농 델리
호면당

입구에 들어서자마자 그윽한 커피 향과 빵 굽는 냄새가 미각을 자극하는 호면당. '반'은 롤과 건강빵, 샐러드를 전문으로 하는 호면당의 다른 브랜드다. 이곳에서는 건강과 자연, 그리고 오리엔탈 분위기의 고급스러움을 즐길 수 있다.

그린홍합, 흑미, 현미 등의 몸에 좋은 재료로 만드는 롤이라 단연 눈에 띈다. 최고급의 신선한 재료를 사용했기 때문에 맛이 깔끔하고 풍부하다. 특별한 롤 & 스시를 만들어 보고 싶다면 호면당의 레시피에 도전해 보자.

칠리소스를 발라 오븐에 구운 롤 # 반 스페셜

부드러운 게살과 연어가 오븐 안에서 만나 더욱 맛있어졌다.
마요네즈와 칠리소스가 오븐의 높은 온도에서 연어에 스며들어 독특한 향을 내는 퓨전 롤.

1인분

밥 1/2공기,
배합초(식초 2작은술,
설탕 1작은술, 소금 조금),
구운 김 1/2장,
게살 30g(게맛살 2줄),
아보카도 슬라이스 2조각,
오이 1/4개,
연어 슬라이스 4조각,
파르메산 치즈가루 조금

마요네즈칠리 소스

마요네즈 · 칠리소스 1½큰술씩,
날치알 조금

1 **재료 준비하기** 김은 프라이팬에서 살짝 굽고, 아보카도는 반으로 갈라 얇게 슬라이스 한다. 게맛살은 잘게 찢고 오이는 채 썬다.

2 **마요네즈칠리 소스 만들기** 마요네즈와 칠리소스를 골고루 섞은 다음 날치알을 넣어 가볍게 섞는다.

3 **재료 올려 말기** 김 위에 배합초 섞은 초밥을 얇게 펴고 뒤집어서 내용물이 들어갈 수 있도록 손으로 눌러 홈을 만든 후, 납작하게 저며 썬 아보카도를 나란히 올려놓고 가닥가닥 찢은 게맛살과 오이를 얹어 롤을 만다.

4 **연어 올려 모양 잡기** 둥글게 만 롤 위에 연어를 비스듬하게 얹고 랩을 덮은 뒤 김발로 모양을 잡아 가면서 눌러 사각 모양이 되게 한다.

5 **썰기** 랩으로 싼 상태에서 모양이 흐트러지지 않게 8조각이 나오도록 썬다. 썰고 나면 랩은 벗겨낸다.

6 **마요네즈칠리 소스 바르기** 오븐 팬을 알루미늄 포일로 싼 다음, 마요네즈칠리 소스 3큰술을 롤 위에 바르고 파르메산 치즈가루를 뿌린다. 포일 바닥에도 마요네즈칠리 소스를 넉넉히 바른다.

7 **오븐에 굽기** ⑤의 롤을 토스터에서 5분, 180℃의 오븐에서는 3분 정도 구워 접시에 담고 초생강과 와사비를 곁들여 낸다.

3

5

6

tip 연어는 얇게 저민 것을 사용하세요

연어는 오렌지색이 나는 생연어와 조금 짙은 색이 나는 훈제연어를 많이 이용하지요. 생연어는 토막 낸 것을 사서 버터구이나 스테이크를 해 먹으면 좋은데, 롤을 만들 때는 얇게 저며서 파는 것을 사는 게 편하답니다. 연어살을 다시마 1장과 함께 청주에 넣어 재었다가 요리를 하면 비린 맛이 가셔서 더 감칠맛이 나요.

열대의 열정과 달콤함을 담았다 # 트로피컬 스페셜

망고, 파인애플, 아보카도 등의 열대과일이 들어간 롤에 요구르트 소스를 끼얹어 달콤하면서도 시원한 맛이 나는 롤.
김 대신 소이 페이퍼로 싸서 더욱 깔끔하고 색깔이 예쁘다.

1인분

밥 1/2공기,
배합초(식초 2작은술,
설탕 1작은술, 소금 조금),
소이 페이퍼 1장, 망고 1/2개,
키위·사과 1/4개씩,
파인애플 조금, 양상추 1장,
오이 1/4개,
아보카도 슬라이스 2조각,
무순 조금

요구르트 소스

플레인 요구르트 2큰술,
마요네즈 1큰술, 설탕 조금

1 **재료 준비하기** 망고와 아보카도는 얇게 슬라이스하고 키위, 사과, 파인애플, 양상추, 오이는 채 썰어 준비한다.

2 **재료 올리기** 소이 페이퍼 한 장에 배합초 섞은 초밥을 골고루 펼친 후 뒤집어서 소이 페이퍼 위에 양상추, 오이, 아보카도, 망고, 키위, 파인애플, 사과 등의 재료를 한 가지씩 가지런히 올린다. 망고는 준비한 재료의 반만 올린다.

3 **롤 말기** 롤의 양 끝에 무순을 끼우고 통깨를 조금 뿌린 뒤, 손에 물을 묻혀 가면서 단단하게 사각으로 만다.

4 **장식하기** 단단하게 말아진 롤 위에 나머지 망고를 사선으로 한 장씩 올려놓는다.

5 **모양 잡아 썰기** ④의 롤을 랩으로 싸서 다시 단단하게 모양을 잡은 뒤, 랩을 싼 상태에서 8등분으로 썬다. 칼에 물을 묻혀서 썰면 모양이 흐트러지지 않는다.

6 **요구르트 소스 뿌리기** 랩을 벗겨낸 뒤, 썰어 놓은 롤 조각을 접시에 동그랗게 담고 요구르트 소스 2큰술을 뿌려서 낸다.

1

2

4

tip **콩으로 만든 소이 페이퍼**

밀전병같이 생긴 소이 페이퍼는 콩을 가공해 얇은 종이처럼 만든 것으로, 콩의 영양이 그대로 살아 있는 건강식이에요. 맛이 고소하고 담백해 김이나 라이스 페이퍼 대신 사용하면 영양 많고 독특한 요리를 만들 수 있어요. 대형할인점 식품코너에서 구입할 수 있어요.

매운 참치가 빼곡~ 무순이 빼꼼~ # 준 스페셜

붉은 참치살을 다져서 칠리소스와 날치알을 넣고 버무린 스파이시 참치가 들어 있는 준 스페셜.
매콤한 참치회가 입에 딱 달라붙어 화끈한 음식을 즐기는 사람들이 좋아한다.

1인분

밥 1/2공기,
배합초(식초 2작은술,
설탕 1작은술, 소금 조금),
구운 김 1/2장, 초밥용 새우 3개,
아보카도 슬라이스 2조각,
오이 1/4개,
야마고보(일본 우엉) 2줄,
적양파·무순 조금씩,
데리야키 소스 2큰술

스파이시 튜나
다진 붉은 살 참치 2큰술,
날치알 1큰술, 칠리소스 1큰술,
참기름 4작은술, 무순 조금

스페셜 소스
마요네즈 1큰술, 청주 1/2큰술,
칠리소스 4작은술

1 **스파이시 튜나 만들기** 참치의 등 쪽 붉은 살을 이용한다. 냉동된 참치는 차가운 소금물에 잠시 녹여 잘게 다져 놓고, 무순은 잎 부분만 떼어내 날치알, 칠리소스, 참기름과 함께 버무린다.

2 **재료 준비하기** 오이와 적양파는 채 썰고, 야마고보는 길게 어슷썰기 한다. 아보카도는 얇게 저며 놓는다.

3 **재료 올리기** 구운 김 위에 배합초 섞은 초밥을 골고루 편 후 뒤집는다. 김 위에 초밥용 새우, 채 썬 오이와 적양파, 야마고보를 가지런히 얹고 양끝에 무순을 올린다.

4 **롤 말기** 손에 물을 묻혀 밥알이 달라붙지 않게 한 후, 손에 고르게 힘을 줘서 롤을 단단하게 만다.

5 **스파이시 튜나·아보카도 올리기** ④의 롤 위에 ①의 스파이시 튜나를 고르게 얹고 아보카도를 비스듬히 올린다.

6 **썰어서 소스 뿌리기** 흐트러지지 않도록 랩으로 감싼 후 칼로 8조각이 나오게 썬다. 랩을 벗기고 스페셜 소스와 데리야키 소스를 롤 위에 보기 좋게 뿌린다. 기호에 따라 와사비간장을 찍어 먹는다.

1

3

5

tip 냉동 참치는 엷은 소금물에 해동시켜요

냉동 참치를 해동시킬 때는 바닷물과 같은 농도인 3%의 소금물에 30초간 담가 놓는 게 좋아요. 소금물에 녹이면 살이 물렁해지는 것을 막을 수 있어요. 오래 담가 두면 겉의 살이 풀어져 맛이 없으니 완전히 녹이지 말고 겉이 살짝 녹아서 칼이 들어갈 정도로만 녹이세요.

바삭한 튀김옷 속에 부드러운 크림치즈 # 필라델피아 롤

필라델피아 크림치즈와 연어를 넣고 롤을 만 뒤 튀김옷을 입혀 튀긴 롤.
바삭하면서도 부드럽고 고소한 맛이 독특한 별미 롤이다. 고소한 튀김옷이 연어와 치즈의 맛을 한층 살려 준다.

1인분

밥 1/2공기,
배합초(식초 2작은술,
설탕 1작은술, 소금 조금),
통깨 조금, 구운 김 1/2장,
연어 3조각, 크림치즈 2큰술,
오이 1/4개,
색색의 파프리카 조금씩,
튀김가루 1/2컵, 얼음물 1컵,
치자가루 조금,
식용유 적당량

1 **연어 손질하기** 살 위에 살짝 손을 올려놓고 칼날을 비스듬하게 뉘어 너무 얇지 않게 포를 떠낸다. 시장에서 살 때 포를 떠 달라고 해도 된다.

2 **김 위에 밥 올리기** 구운 김에 배합초 섞은 초밥을 펴고 깨를 뿌린 후 뒤집어서 속재료가 들어갈 수 있도록 홈을 만든다.

3 **재료 올려 말기** ②의 홈에 연어, 크림치즈, 채 썬 오이를 올려놓고 손에 물을 묻혀 롤을 만 다음, 랩으로 감싼 김발로 모양을 단단하게 잡는다.

4 **튀김옷 입히기** 튀김가루와 얼음물을 섞어 묽게 반죽한 뒤 ③의 롤에 통째로 튀김옷을 입힌다. 색을 내기 위해 치자가루를 조금 섞어도 좋다.

5 **튀겨서 썰기** 끓는 기름에 롤을 넣고 통째로 튀긴다. 남은 튀김옷도 끓는 기름에 조금씩 뿌리듯이 넣는다. 튀김의 표면이 노릇노릇해지면 바로 건져서 기름을 빼고 8등분으로 썬다.

6 **파프리카로 장식하기** 롤을 접시에 가지런히 담은 뒤 색색의 파프리카를 채 썰어 장식한다.

1

3

4

tip 튀김가루가 없을 때는

요즘엔 튀김가루를 많이 이용하지만, 튀김가루가 없다면 밀가루와 녹말가루를 2:1의 비율로 섞어서 사용하세요. 물은 차가운 얼음물로 준비하고, 대충 휘휘 저어서 조금 덜 풀린 정도로 섞는 게 바삭한 튀김을 만드는 요령이에요. 튀김옷이 너무 되면 두껍게 입혀져서 뻣뻣하고 맛이 없으니 튀김옷 반죽은 되도록 묽게 하세요.

흑미 속 쫀득한 조갯살과 게살이 가득 # 스캘럽 크랩 롤

한가득 들어 있는 게살과 조갯살의 쫀득함에 고소한 흑미의 맛까지 더했다.
마요네즈에 버무린 키조개 관자를 넣어 바다의 향기가 물씬 풍기는 롤.

1인분

흑미밥 1/2공기
(흑미:흰쌀=5:1),
배합초(식초 2작은술,
설탕 1작은술, 소금 조금),
구운 김 1/2장, 검은깨 조금,
키조개 관자 20g,
마요네즈 1작은술,
다진 실파·날치알 조금씩,
게살 50g(게맛살 3줄),
오이 1/5개,
아보카도 슬라이스 2~3조각,
무순 조금

와사비간장
간장 1큰술, 와사비 조금

1 **흑미밥 짓기** 흑미와 흰쌀을 5:1의 비율로 섞어 고슬고슬하게 밥을 짓는다. 색깔을 더 예쁘게 하려면 각각 따로 지어 섞는다.

2 **관자 버무리기** 관자는 잘게 다져서 마요네즈와 다진 실파, 날치알을 넣고 고루 섞는다.

3 **김 위에 밥 올리기** 구운 김에 흑미밥을 펼치고 검은깨를 뿌린 후 뒤집어서 내용물이 들어갈 수 있도록 손으로 눌러 홈을 만든다.

4 **게살·관자 올리기** 홈에 채 썬 오이와 길게 저며 썬 아보카도, 가닥가닥 찢은 게살, 마요네즈에 버무린 관자를 가지런히 올리고 양끝에 무순을 얹는다.

5 **롤 말아 썰기** 손에 물을 묻혀 롤을 만다. 롤 모양이 대충 만들어지면 모양이 흐트러지지 않도록 랩으로 싼 상태에서 김발로 모양을 잡아 사각형으로 만든다. 모양이 잡히면 8등분으로 고르게 썬 뒤 랩을 벗겨내고 와사비간장을 곁들여 낸다.

3

4

tip 쫄깃한 키조개 관자

홍합과 비슷하게 생겼지만 홍합보다 훨씬 큰 조개가 바로 키조개입니다. 키조개의 관자는 쫄깃쫄깃한 게 맛이 아주 좋을 뿐만 아니라 단백질이 풍부하고 간을 해독하는 효과도 있어요. 손질할 때는 관자를 둘러싼 질긴 막을 칼로 제거한 후 깨끗이 씻으세요. 레몬즙과 후춧가루, 청주에 1시간 정도 재어 놓으면 질긴 질감이 줄어들고 쫀득하게 변해요.

예쁜 핑크빛 롤 **래디시 스페셜**

발그레하게 물들인 무로 롤을 말아, 보는 것만으로도 먹음직스러운 스페셜 롤.
무의 아삭거리는 맛과 함께 광어·연어·참치회의 제맛을 즐길 수 있다.

1인분

밥 1/2공기,
배합초(식초 2작은술,
설탕 1작은술, 소금 조금),
무 1/2개, 소이 페이퍼 1장,
광어·연어·참치
(손가락 크기) 2조각씩,
초밥용 새우 2개, 오이 1/4개,
아보카도 슬라이스 2~3조각,
비트 1/2개, 무순 조금

1 **무 물들이기** 무는 10cm 길이로 잘라 얇게 돌려깎기 해서 가로 20cm 길이로 만든 뒤 비트 물에 담가 붉게 물들인다.

2 **재료 준비하기** 광어, 연어, 참치, 아보카도는 길게 저며 썰고, 오이는 채 썬다.

3 **소이 페이퍼로 롤 말기** 소이 페이퍼 위에 배합초 섞은 초밥을 얇게 펴고 밥 위에 광어, 연어, 참치, 새우, 오이, 무순, 아보카도를 올린 다음 김발로 롤을 만다.

4 **물들인 무로 다시 말기** 무에 핑크빛 물이 들면 물기를 적당히 짜서 소이 페이퍼로 만 ③의 롤을 다시 만다.

5 **썰기** 완성된 롤을 모양이 흐트러지지 않게 6등분으로 썰어 접시에 담는다.

1

3

4

tip 무의 물기는 적당하게 짜세요

무에 발그레하게 물이 들면 물기를 적당히 짜서 롤을 말아야 롤이 제대로 말아진답니다. 이때 무의 물기를 너무 많이 짜면 색깔이 빠져 버리고 무와 소이 페이퍼가 서로 잘 붙지 않을 수 있어요. 물기가 너무 많아도 안 되지만, 적당한 물기는 남겨 두는 게 좋아요.

그린홍합 튀김이 올라간 건강식 롤

핫 그린 머슬 롤

'기적의 조개'라고 불릴 정도로 영양이 풍부한 뉴질랜드산 그린홍합을 튀겨 롤 위에 얹은 건강식 롤.
바삭하면서도 담백한 홍합튀김이 입에 착착 붙는다.

밥 1/2공기,
배합초(식초 2작은술,
설탕 1작은술, 소금 조금),
구운 김 1/2장, 검은깨 조금,
게살 30g(게맛살 2줄),
아보카도 슬라이스 2~3조각,
무순 조금, 그린홍합 6개,
밀가루 1/3컵, 달걀 1/2개,
빵가루 조금, 식용유 적당량,
데리야키 소스 2큰술

마요네즈칠리 소스
마요네즈 · 칠리소스 1큰술씩,
날치알 조금.

1 **게살 샐러드 만들기** 게살을 잘게 찢어서 마요네즈칠리 소스를 넣고 잘 섞어 놓는다.

2 **재료 올려 말기** 구운 김 위에 배합초 섞은 초밥을 고루 펼치고 검은깨를 뿌린 뒤 뒤집는다. 김 위에 ①의 게살 샐러드와 아보카도 슬라이스를 올리고 손에 물을 묻혀 롤을 단단히 만다.

3 **그린홍합 튀기기** 홍합은 살만 발라내서 엷은 소금물에 살짝 헹군 뒤 밀가루를 묻히고 달걀물에 담갔다가 빵가루를 입혀 180℃의 기름에 바삭하게 튀겨낸다. 이때 남은 튀김옷도 기름에 손으로 뿌리듯이 넣어 덴가스를 만든다.

4 **롤에 덴가스 입히기** ②의 롤을 굴려 가며 덴가스를 묻힌 다음 6등분으로 썬다.

5 **그린홍합 올리기** 접시에 롤을 가지런히 담고 홍합튀김을 롤 위에 하나씩 올린 뒤 무순으로 장식한다.

1

3

4

tip **물기 있는 재료에 튀김옷을 입히려면**
물기가 있는 재료에 튀김옷을 입힐 때는 반죽 대신 날밀가루를 사용하기도 해요. 이때 튀김옷은 밀가루, 달걀, 빵가루 순으로 입히세요. 먼저 재료에 밀가루를 골고루 묻힌 뒤 곱게 푼 달걀물에 담갔다가 건져 빵가루를 입히면 돼요. 빵가루를 묻힌 후에는 꼭꼭 눌러 줘야 잘 떨어지지 않는답니다.

골라 먹는 재미가 있다 # 모둠 사각 스시

현미초밥을 초밥틀에 넣고 누른 뒤 생선을 얹어 만든 모둠 스시.
광어, 연어, 도미, 새우, 문어, 장어 등 여러 가지 생선을 입맛대로 골라 먹는 재미가 있다.

1인분

현미밥 1공기
(현미:흰쌀 = 1:1),
배합초(식초 1큰술,
설탕 1/2큰술, 소금 조금),
광어 · 연어 · 도미 · 문어 ·
새조개 · 초밥용 새우 ·
장어양념구이 1조각씩,
초생강 · 간장 · 와사비 조금씩

1 **현미밥 짓기** 현미와 흰쌀을 1:1의 비율로 섞어 밥을 짓는다.

2 **초밥 만들기** 배합초를 녹여서 뜨거운 밥에 넣고 고루 섞는다.

3 **사각 틀에 밥 넣기** 초밥용 사각 틀에 랩을 깔고 ②의 초밥을 채워서 꼭꼭 누른다. 초밥용 사각 틀이 없으면 도시락이나 밀폐용기를 이용해도 된다.

4 **밥 자르기** 랩을 꺼내서 밥을 빼낸 후 적당한 크기로 자른다.

5 **와사비 바르고 회 올리기** 초밥 위에 와사비를 조금 바른 다음, 위에 회를 하나씩 올리고 초생강, 와사비간장과 함께 낸다.

2

3

tip 배합초 간편하게 만들기

배합초는 식초와 설탕을 2:1의 비율로 섞고 소금을 조금 넣은 뒤 미지근한 온도에서 녹여서 잘 섞어 만든다. 간편하게 만들려면 전자레인지에서 낮은 온도로 잠깐 돌리면 된다. 너무 높은 온도에서 돌리면 식초가 휘발되므로 주의한다.

- **위치** 강남 고속터미널 센트럴시티 파미에파크 1층(센트럴시티점)
- **영업시간** 11:30~15:30, 18:00~21:40
- **문의** 02-508-6290
- **주차** 가능

고급스러운 시푸드 뷔페
무스쿠스

무스쿠스의 큰 유리문을 열면 화려한 상들리에 아래 요리사들이 분주하게 초밥을 만들고 있는 모습이 보인다. 요리사들의 빠른 손놀림으로 만든 스시와 롤은 완성되는 즉시 손님들의 접시로 옮겨 간다. 참돔, 방어, 황새치, 청어알 스시부터 각종 캘리포니아 롤까지 메뉴가 다양하다. 여러 가지 요리를 한꺼번에 맛볼 수 있는 시푸드 뷔페 무스쿠스에는 산뜻한 롤이 많다. 230평 규모의 홀에 요리사만 해도 25명이나 되는데, 이들이 끊임없이 고구마채, 깻잎, 배 등의 과일이나 채소를 이용한 색다른 요리를 개발하고 있다.

튀긴 고구마채가 올라가 고소한 # 고구마채 롤

아보카도와 오이채, 게살이 들어간 기본 캘리포니아 롤 위에 고소하게 튀겨낸 고구마채와 날치알을 듬뿍 올린 퓨전 롤.
한 입 베어 물면 바삭거리며 톡톡 터지는 맛이 그만이다.

1인분

밥 1/2공기,
배합초(식초 2작은술,
설탕 1작은술, 소금 조금),
구운 김 1/2장, 통깨 조금,
게맛살 2줄,
아보카도 슬라이스 2조각,
오이 1/6개, 고구마 1/4개,
튀김가루 1/3컵, 얼음물 1/2컵,
날치알 2큰술,
허니머스터드소스 또는
데리야키 소스 조금,
식용유 적당량

1 **고구마채 튀기기** 고구마는 껍질을 벗겨 곱게 채 썬 뒤 물기를 닦고 끓는 기름에 살짝 튀긴다.

2 **덴가스 만들기** 튀김가루와 얼음물 섞어 튀김옷을 만든 뒤, 끓는 기름에 뿌리듯이 넣어 바삭한 덴가스 가루를 만든다.

3 **김 위에 밥 올리기** 배합초를 뜨거운 밥에 조금씩 넣고 섞어 초밥을 만든다. 랩으로 싼 김발 위에 김을 펴고 초밥을 올려 골고루 펼친 다음 통깨를 뿌리고 김이 위로 오도록 뒤집는다.

4 **게맛살 · 아보카도 · 오이 올리기** 게맛살을 잘게 찢어 김 위에 가지런히 올리고, 굵게 채 썬 오이와 아보카도 슬라이스를 위아래에 놓는다.

5 **롤 말아 썰기** 랩으로 싼 김발로 김 끝을 잡고 눌러 가며 말아서 사각형의 롤을 만든다. 단단히 말아지면 8등분으로 고르게 썬다.

6 **고구마채 · 덴가스 올리기** 롤을 접시에 담고 튀겨 놓은 고구마채와 덴가스를 롤 위에 듬뿍 뿌린다.

7 **날치알 얹고 소스 뿌리기** 주황색과 연두색의 날치알을 롤 위에 얹고 기호에 따라 허니머스터드소스 또는 데리야키 소스를 뿌려 먹는다.

tip 고구마채는 잠깐 튀기세요

고구마채는 기름 온도가 110℃ 정도 됐을 때 체에 담아 3초 정도 잠시 넣었다가 색깔이 노릇해지면 바로 꺼내는 것이 좋아요. 너무 딱딱하게 튀겨지면 맛이 없고 날카로워서 먹을 때 불편합니다. 고구마 대신 감자를 올려도 맛있어요.

채소로 만든 저칼로리 퓨전 초밥 **깻잎 초밥**

후리가케 뿌린 초밥을 살짝 데친 깻잎으로 싸서 날치알을 올리면 공 모양의 귀여운 깻잎 초밥이 된다.
향긋한 깻잎의 향과 매콤한 와사비가 잘 어울려 쌉쌀한 맛이 난다.

재료

밥 1/2공기,
배합초(식초 2작은술,
설탕 1작은술, 소금 조금),
깻잎 4장, 후리가케 2작은술,
와사비 조금,
날치알·연어알 조금씩,
래디시·상추 조금씩

1 **깻잎 데치기** 깻잎은 끓는 물에 소금을 약간 넣고 살짝 데친다. 너무 오래 데치면 깻잎의 색이 누렇게 변하므로 잠깐 담가 숨이 죽으면 곧바로 꺼내는 것이 좋다.

2 **초밥 만들기** 식초에 설탕, 소금을 녹여서 만든 배합초를 뜨거운 밥에 조금씩 넣고 골고루 섞어 초밥을 만든다.

3 **밥 뭉치기** 손에 물을 묻혀 밥풀이 묻지 않게 한 다음, 초밥을 둥글게 뭉쳐 공 모양으로 만든다.

4 **와사비 발라 깻잎으로 싸기** 데친 깻잎 가운데에 와사비를 찍어 바르고 뭉친 밥을 올린 뒤 깻잎으로 감싸 잘 오므린다.

5 **후리가케 묻히기** 깻잎 초밥에 후리가케를 찍어서 묻힌다.

6 **날치알 올리기** 접시에 가지런히 담은 뒤 쌈밥 위에 날치알과 연어알을 올리고, 상추를 곁들여 장식한다.

tip **소금을 넣고 데치면 색깔이 선명해져요**

녹색 채소를 데치는데 색깔이 누렇게 변해서 맛깔스럽게 보이지 않는다고요? 이럴 때는 데치는 물에 소금을 조금 넣어 보세요. 색깔이 더욱 선명해질 거예요. 깻잎 외에도 호박잎이나 양배추 등 다른 재료를 데쳐 다양한 채소 초밥을 만들어 보세요.

바삭한 양파링 위에 얹은 참치 초밥 # 미니 덮밥

고소한 튀김옷을 입은 양파링 위에 동그랗게 뭉친 밥을 올리고 참치회와 날치알을 얹은 앙증스런 모양의 퓨전 초밥.
양파링과 조화를 이뤄 바삭하면서도 오묘한 맛이 난다.

1인분

밥 1/2공기,
배합초(식초 2작은술,
설탕 1작은술, 소금 조금),
양파 1/2개, 튀김가루 1/2컵,
얼음물 1컵,
붉은 살 참치 30g(1조각),
날치알 1큰술, 오이 1/4개,
겨자 잎 · 김 · 통깨 조금씩,
밀가루 조금, 식용유 적당량

초고추장
고추장 1작은술,
식초 · 설탕 · 사이다
1/2작은술씩

1 **양파 썰기** 양파는 위아래를 넉넉히 잘라낸 뒤, 링 모양으로 썰어 하나씩 떼어 놓는다.

2 **양파 튀기기** 양파에 밀가루를 골고루 묻힌 뒤 튀김가루와 얼음물을 섞어 만든 튀김옷을 입혀 끓는 기름에 바삭하게 튀긴다.

3 **재료 준비하기** 오이는 어슷하게 썰고, 겨자 잎은 씻어서 물기를 털고 채 썬다. 붉은 살 참치는 3~4cm 길이로 도톰하게 채 썬다.

4 **초밥 뭉치기** 식초에 설탕, 소금을 녹여서 만든 배합초를 뜨거운 밥에 조금씩 넣고 골고루 비벼 초밥을 만든 다음, 동그란 공 모양으로 작게 뭉친다.

5 **차례대로 쌓기** 양파튀김 위에 어슷하게 썬 오이를 올리고 동그랗게 뭉친 초밥을 올려놓는다.

6 **참치 올리고 장식하기** 밥 위에 채 썬 붉은 살 참치를 올리고 채 썬 겨자 잎으로 장식한 다음, 날치알을 자연스럽게 올린다. 마지막으로 초고추장을 살짝 뿌린다.

2

3

5

tip 반죽이 되직하면 튀김옷이 두꺼워져요

튀김옷 반죽은 튀김가루와 얼음물의 비율을 1:1로 하는 게 기본이에요. 좀 더 바삭거리고 부드럽게 하려면 물을 더 많이 넣어서 묽게 반죽하고, 튀김옷을 넉넉하게 입히려면 되직하게 반죽하는 것이 좋아요. 양파처럼 물기가 있거나 매끈한 재료는 날밀가루를 한 번 묻힌 다음 튀김옷을 입혀야 반죽이 잘 입혀진답니다.

통조림으로 만드는 간단 주먹밥 # 참치마요 주먹밥

간편하게 준비할 수 있는 통조림 참치에 각종 채소를 다져 넣고 초밥 틀에 눌러 만든 예쁜 모양의 주먹밥.
뇌기능을 돕는 DHA가 풍부해 아이들 별식으로 준비하면 좋다.

1인분

밥 1/2공기.
배합초(식초 2작은술.
설탕 1작은술. 소금 조금).
통조림 참치 50g(작은 것 1/2개).
오이 · 양파 · 피망 1/4개씩.
통조림 옥수수 1큰술.
오이 피클 2조각.
마요네즈 1큰술.
가츠오부시 조금.
간장 · 소금 · 후춧가루 조금씩.
방울토마토 1개

와사비 소스

마요네즈 1큰술.
와사비 1작은술. 간장 조금

1 **재료 준비하기** 양파와 피망은 잘게 다지고, 오이 피클도 물기를 꼭 짠 뒤 다진다. 통조림 옥수수는 체에 밭쳐 물기를 뺀다.

2 **참치 버무리기** 참치의 기름을 쭉 뺀 뒤 ①과 마요네즈, 간장, 소금, 후춧가루를 넣고 골고루 섞는다.

3 **초밥 만들기** 식초에 설탕, 소금을 녹여서 만든 배합초를 뜨거운 밥에 조금씩 넣고 골고루 섞어 초밥을 만든다.

4 **밥 속에 참치 넣기** 작은 초밥 틀에 랩을 깔고 초밥을 1/3 정도만 채워 담은 뒤, ②의 참치를 반 정도 채우고 다시 초밥으로 나머지를 채워 꼭 꼭 누른다.

5 **오이 · 가츠오부시 올리기** 초밥 틀에서 밥을 꺼내 접시에 담은 뒤, 밥 위에 얇게 썬 오이를 올리고 가츠오부시를 뿌린다.

6 **토마토 올리고 소스 뿌리기** 방울토마토를 저며 썰어 맨 위에 올리고 분량의 재료를 섞어서 만든 와사비 소스를 뿌린다.

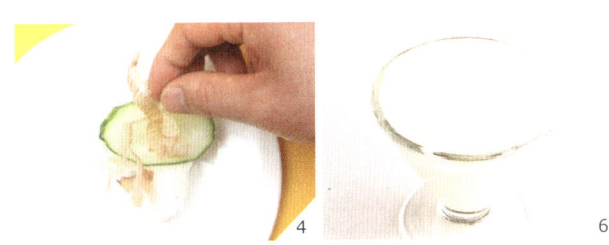

4   6

tip 참치 샐러드로 샌드위치를 만들어 보세요

참치와 마요네즈는 맛이 아주 잘 어울려요. 통조림 참치와 다진 채소를 마요네즈에 버무린 샐러드는 롤뿐 아니라 빵에 넣어 먹어도 맛있답니다. 피클과 옥수수까지 들어가 다른 재료를 따로 준비하지 않아도 전문점에서 사 먹는 튜나 샌드위치의 맛을 즐길 수 있지요. 마요네즈와 머스터드를 섞어서 버무려도 좋습니다.

예쁘고 앙증맞은 퓨전 연어 쌈 # 연어 초밥

납작하게 썬 연어로 동글게 초밥을 싸서 양파와 날치알 등을 올린 연어 초밥.
위에 올라가는 토핑을 달리해서 도시락에 넣으면 알록달록 맛있고 예뻐서 인기 만점이다.

1인분

밥 1/2공기,
배합초(식초 2작은술,
설탕 1작은술, 소금 조금),
연어 50g(슬라이스 5조각),
와사비 조금,
양파·아보카도·날치알·
연어알 조금씩

양파와사비 소스
간장 3작은술,
다진 양파·와사비 1작은술씩

1 **초밥 뭉치기** 식초에 설탕, 소금을 녹여서 만든 배합초를 뜨거운 밥에 조금씩 넣고 골고루 섞어 초밥을 만든 다음 작고 둥글게 뭉친다.

2 **연어에 밥 올리기** 연어는 7cm 정도 길이로 도톰하게 저며 썬다. 가운데에 와사비를 찍어 바르고 동그랗게 뭉친 초밥을 얹는다.

3 **랩으로 감싸기** 연어로 초밥을 감싸서 오므린 다음, 랩으로 감싸서 입구를 조여 모양을 고정시킨다.

4 **열십자로 칼집 내기** 랩을 벗기고 연어의 윗부분에 칼로 열십자 모양의 칼집을 내서 연어살을 벌린다.

5 **토핑 준비하기** 양파와 아보카도는 가늘고 짧게 채 썬다.

6 **연어 위에 장식하기** 연어 초밥을 접시에 담은 뒤, 벌어진 연어살 안쪽에 채 썬 양파와 아보카도, 날치알, 연어알을 조금씩 올려 장식한다.

7 **양파와사비 소스 곁들이기** 양파를 잘게 다져서 간장, 와사비와 섞어 양파와사비 소스를 만들어 연어초밥에 곁들여 낸다.

tip 연어는 양파와 잘 어울려요

기름기가 많은 연어와 매우면서도 깔끔한 맛이 나는 양파는 서로 잘 어울리는 재료예요. 양파와사비 소스 대신 크림치즈에 양파를 다져 넣고 섞어서 소스를 만들어도 좋아요. 벌린 연어살 속에는 양파나 아보카도 외에 겨자 잎이나 고수 잎 등 향긋한 채소를 올려도 색다른 맛이 납니다.

신선한 채소가 듬뿍 담긴 월남쌈 # 모둠채소 롤

양상추, 양파, 깻잎, 적양배추 등의 각종 채소와 간장으로 맛을 낸 참치회를 라이스페이퍼로 싸서 먹는 깔끔한 맛의 쌈.
맛도 일품이지만 칼로리가 낮아 다이어트에 특히 좋다.

밥 1/2공기,
배합초(식초 2작은술,
설탕 1작은술, 소금 조금),
양배추·적양배추·양상추·
양파·깻잎 조금씩,
라이스페이퍼 2장,
붉은 살 참치 50g,
와사비간장 조금,
날치알 2큰술

초고추장
고추장 1작은술,
식초·설탕·사이다
1/2작은술씩

1 **채소 준비하기** 양배추, 적양배추, 양상추, 양파, 깻잎을 깨끗이 씻은 뒤 곱게 채 썰어 찬물에 담가 둔다.

2 **채소 섞기** 찬물에 담가 둔 채소를 꺼내 물기를 빼고 골고루 섞는다.

3 **초밥 만들기** 식초에 설탕, 소금을 녹여서 만든 배합초를 뜨거운 밥에 조금씩 넣고 골고루 섞어 초밥을 만든다.

4 **참치 절이기** 참치를 길게 썰어 와사비간장에 1분 정도 담가 간한 뒤 꺼내서 물기를 닦는다.

5 **라이스페이퍼 불리기** 라이스페이퍼는 80℃ 정도 되는 뜨거운 물에 잠깐 담가 불려서 색이 투명해지면 꺼내서 물기를 닦는다.

6 **쌈 말기** 랩으로 감싼 김발 위에 불린 라이스페이퍼를 올려놓고 채 썬 채소와 초밥 1/4공기를 가지런히 올린다. 그 위에 간장에 절인 참치와 날치알을 올린 다음, 김발로 조심스럽게 만다.

2 4 6

tip 라이스페이퍼는 뜨거운 물에 잠깐 담갔다가 꺼내세요

월남쌈이라고도 불리는 라이스페이퍼는 시중에서 건조된 상태로 판매됩니다. 이것으로 쌈이나 롤을 만들려면 한 장씩 뜨거운 물에 담가 부드럽게 만드는 과정이 필요해요. 뜨거운 물에 담그면 불투명한 색이 점차 투명해지는데, 이것이 익은 상태랍니다. 물에서 꺼낸 뒤에는 종이타월로 물기를 닦아야 찢어지지 않아요.

모차렐라 치즈와 블루베리를 얹은 퓨전 롤 # 블루마운틴 롤

게살과 오이, 아보카도를 넣고 만 롤 위에 모차렐라 치즈를 얹어 그릴에서 구운 퓨전 롤.
예쁘게 올린 새콤달콤한 블루베리가 캘리포니아 롤의 맛을 새롭게 만든다.

밥 1/2공기,
배합초(식초 2작은술,
설탕 1작은술, 소금 조금),
구운 김 1/2장, 통깨 조금,
아보카도 슬라이스 2조각,
오이 1/4개, 게맛살 3줄,
모차렐라 치즈 40g,
블루베리청 조금,
파르메산 치즈 가루 조금

1 **초밥 만들기** 식초에 설탕, 소금을 녹여서 만든 배합초를 뜨거운 밥에 조금씩 넣고 골고루 섞어 초밥을 만든다.

2 **김 위에 밥 올리기** 랩으로 감싼 김발 위에 초밥을 올려 골고루 펼친 다음 통깨를 뿌리고 밥이 아래로, 김이 위로 가도록 뒤집는다.

3 **재료 올려 말기** 게맛살 2줄을 세로로 길게 잘라 김 위에 올리고 채 썬 오이와 아보카도 슬라이스를 가지런히 올린 다음, 김발로 롤을 말아 네모지게 모양을 잡는다.

4 **고르게 썰기** 완성된 네모난 롤을 8등분으로 고르게 썬다.

5 **게맛살·치즈 올리기** 게맛살을 잘게 찢어서 롤 위에 올리고, 그 위에 롤보다 작게 썬 모차렐라 치즈를 올린 뒤 파르메산 치즈 가루를 뿌린다.

6 **오븐에 구워 장식하기** ⑤의 롤을 그릴이나 오븐에 3분 정도 굽는다. 치즈가 녹으면 접시에 담아 블루베리청을 올린다.

2

3

tip **블루베리청 만들기**

블루베리청을 만들어 두면 소스, 차, 음료 등 다양하게 즐길 수 있어요. 블루베리와 설탕을 같은 양으로 준비해서 열탕 소독해 바짝 말린 병에 켜켜로 담고, 마지막에 설탕을 블루베리가 보이지 않을 정도로 듬뿍 덮어 밀봉해 그늘에서 숙성시키세요. 냉동 블루베리로 만들어도 돼요.

레드와인의 향이 묻어나는 과일 초밥 # 와인 배 초밥

레드와인에 살짝 조린 배가 향긋하면서도 아삭거리는 색다른 맛의 초밥.
달콤한 배에 레드와인의 향이 잘 어울린다. 색깔과 모양이 예뻐 다른 초밥 옆에 장식하면 좋다.

1인분

밥 1/2공기,
배합초(식초 2작은술,
설탕 1작은술, 소금 조금),
배 1/4개, 레드와인 1/2컵,
와사비 조금

1 **배 준비하기** 배는 껍질을 벗기고, 속을 남겨 둔 채 사방을 칼로 도려낸다.

2 **레드와인에 배 조리기** 냄비에 레드와인을 붓고 배를 넣어 와인색이 배어들도록 약한 불에 조린다.

3 **배 슬라이스 하기** 와인에 조린 배를 꺼내 냅킨으로 물기를 제거한 뒤 반달 모양이 되도록 얇게 썬다.

4 **초밥 뭉치기** 식초에 설탕, 소금을 녹여서 만든 배합초를 뜨거운 밥에 조금씩 넣고 골고루 섞어 초밥을 만든 다음, 가운데에 와사비를 조금 넣고 작고 둥글게 뭉친다.

5 **배 올리기** 동그랗게 뭉친 초밥 위에 와인에 조린 배를 하나씩 올린다.

3

4

tip **와사비간장과 함께 내세요**
간장과 와사비를 함께 내서 와인 초밥을 찍어 먹도록 하세요. 간장은 작은 양념장 그릇에 담고, 와사비는 초밥 접시 한쪽에 따로 담아 내면 기호에 따라 와사비의 양을 조절할 수 있어 좋아요.

빨간 산딸기가 올라간 과일 스시 # 산딸기 군함말이

얇게 썬 오이로 초밥을 말아 새콤하고 귀여운 산딸기를 올린 색다른 모양의 과일 스시.
상큼한 과일과 채소의 맛이 입안을 깔끔하게 해 후식으로 내놓으면 아이들이 좋아한다.

1인분

밥 1/2공기,
배합초(식초 2작은술,
설탕 1작은술, 소금 조금),
오이 1/2개, 산딸기 또는
냉동 라즈베리 100g,
와사비·연유 조금씩

1 **오이 슬라이스 하기** 오이는 바로 잘라 길고 얇게 썬다.

2 **초밥 뭉치기** 식초에 설탕, 소금을 녹여서 만든 배합초를 뜨거운 밥에 조금씩 넣고 골고루 섞어 초밥을 만든 다음, 가운데에 와사비를 조금 넣고 작고 둥글게 뭉친다.

3 **오이로 밥 싸기** 둥글게 뭉친 초밥을 얇게 썬 오이로 빙 둘러 감싼다.

4 **산딸기 올리고 연유 뿌리기** 초밥 위에 산딸기를 가득 올리고, 그 위에 연유를 살짝 뿌린다.

2

3

tip 딸기는 연유와 궁합이 잘 맞아요

딸기에 설탕을 뿌리는 사람도 있는데, 설탕은 딸기의 영양성분을 파괴하는 작용을 해요. 설탕보다는 우유나 유제품이 잘 어울리죠. 딸기 요리에 연유나 요구르트 등을 뿌리면 맛과 영양이 한결 업그레이드될 거예요.

요리 · 소스

ㄱ
가츠오부시 장국 46
고구마채 롤 126
고추장 소스 13
골든 브리지 62
깻잎 초밥 128

ㄷ
다이너마이트 롤 72
달걀국 47
드래곤 롤 54

ㄹ
라이언 킹 50
래디시 스페셜 118
레인보우 롤 92
루비 롤 96

ㅁ
마요네즈 소스 13
마추픽추 58
매운 참치 마끼 102
모둠 사각스시 122
모둠채소 롤 136
미니 덮밥 130
미드나이트 선 78
미역 된장국 46

ㅂ
바싹 새우튀김 롤 28
반 스페셜 108
버터플라이 롤 66
벨뷰 롤 68
블루마운틴 롤 138

ㅅ
사과 소스 12
산딸기 군함말이 142
생새우 초밥 40
소바 장어 롤 60
스캘럽 크랩 롤 116
스파이시 롤 100

ㅇ
아보카도 롤 24
아보카도 소스 13
아일랜드 롤 74
알 초밥 38
알래스카 롤 98
어묵국 47
연어 초밥 42, 134
오션 크랩 52
오징어튀김 롤 32
와사비 소스 13
와인 배 초밥 140
우메보시 소스 12

ㅈ
자몽 스시 84
장어 롤 30
장어 소스 12
전복 초밥 44
준 스페셜 112

ㅊ
참깨 소스 13
참치 롤 70
참치마요 주먹밥 132
참치샐러드 롤 35
참치스테이크 초밥 82
체리블로섬 롤 94
치즈 돈가스 롤 76
치즈 소스 13
치지드래곤 롤 105

ㅋ
캘리포니아 롤 22
크랩 롤 34
크레이지 롤 64
크림치즈 연어 롤 26
키위 소스 12

ㅌ
트로피컬 스페셜 110
특선 초밥 36

ㅍ
폰즈 소스 12
프렌치키스 롤 104
필라델피아 롤 114

ㅎ
핫 그린 머슬 롤 120
허니문 롤 80
화이트 드래곤 롤 56

조리법

ㄱ
가리비 관자 굽기 63
가츠오부시 59
감자 바삭하게 튀기기 81
검은깨 활용하기 67
고구마채 튀기기 127
김띠 자르기 39

ㄴ
날치알 51
날치알 색깔 내기 69
냉동 참치 해동시키기 113
녹색 채소 데치기 129

ㄷ
다양한 재료 응용하기 37
덴가스 만들기 29
돈가스 맛있게 하기 77
딸기에 연유 더하기 143
땅콩으로 고소한 맛 더하기 65

ㄹ
라이스페이퍼 불리기 137
레몬즙 뿌리기 99
롤 & 스시 도시락 싸기 62
롤 깔끔하게 썰기 97
롤 말기 10
롤 매끈하게 말기 53
롤 소스 12
롤 흐트러지지 않게 말기 57
롤의 기본 스타일 14
롤의 변신 아이디어 16

ㅁ
마끼 말기 103
마끼의 기본 스타일 15
메밀국수로 롤 말기 61
무 물기 짜기 119
무순 101
물기 있는 재료에 튀김옷 입히기 121
물방울 모양 롤 만들기 95

ㅂ
배합초 만들기 123
블루베리청 만들기 139

ㅅ
산초 61
새우 꼬리 이용하기 41
새우 손질하기 29
새우튀김 맛있게 하기 73
생선회 뜨기 37
소이 페이퍼 111
스시 맛있게 먹기 93
스시의 기본 스타일 15

ㅇ
아보카도 손질하기 79
양파 매운맛 빼기 43
연어에 양파 더하기 135
와사비간장 곁들이기 141
와사비간장 만들기 39
와사비로 회 고정하기 23
우메보시 85

ㅈ
자몽 스시 디저트로 내기 85
장어 비린내 없애기 55
장어구이 맛있게 하기 31
저민 연어 사용하기 109
전복 내장 이용하기 45
절인 무로 아삭한 맛 살리기 25

ㅊ
참치 구분해 사용하기 75
참치 샐러드로 샌드위치 만들기 133
참치회 제맛 즐기기 71
초밥 만들기 11
초밥용 밥 준비하기 83
초밥용 밥 짓기 11
치즈 양 조절하기 27

ㅋ
키조개 관자 117

ㅌ
튀김 바삭하게 하기 33
튀김가루 대체하기 115
튀김옷 반죽하기 131

리스컴이 펴낸 책들

• 요리

그대로 따라하면 엄마가 해주시던 바로 그 맛!
엄마의 밥상
일상 반찬, 찌개와 국, 별미 요리, 한 그릇 요리, 김치 등 웬만한 요리 레시피는 다 들어 있어 기본 요리실력 다지기부터 매일 밥상 차리기까지 이 책 한 권이면 충분하다. 누구든지 그대로 따라 하기만 하면 엄마가 해주시던 바로 그 맛을 낼 수 있다. 요리하다 궁금할 때 뒤표지의 QR코드로 SOS 문의를 하면 된다.

한복선 지음 | 312쪽 | 188×245mm | 16,000원

기초부터 응용까지 이 책 한권이면 끝!
한복선의 친절한 요리책
요리 초보자를 위해 대한민국 최고의 요리전문가 한복선 선생님이 나섰다. 칼 잡는 법부터 재료 손질, 맛내기까지 친정엄마처럼 꼼꼼하고 친절하게 알려주는 이 책에는 국, 찌개, 반찬, 한 그릇 요리 등 대표 가정요리 221가지 레시피가 들어 있다.

한복선 지음 | 308쪽 | 188×254mm | 15,000원

반찬이 필요 없는 한 끼
한 그릇 밥·국수
별다른 반찬 없이 맛있게 먹을 수 있는 한 그릇 요리책. 덮밥, 볶음밥, 비빔밥, 뜨거운 국수, 차가운 국수, 파스타 등 쉽고 맛있는 밥과 국수 114가지를 소개한다. 재료 계량법, 밥 짓기, 국수 삶기, 국물 내기 등 기본기도 알려줘 요리 초보도 쉽게 만들 수 있다. 함께 내면 좋은 곁들이 음식도 담았다.

장연정 지음 | 256쪽 | 188×245mm | 14,000원

지금 바로 쉽게 따라 할 수 있는 레시피
오늘요리
이것저것 갖춰 먹기 쉽지 않은 바쁜 현대인들을 위한 요리책. 각종 미디어에 레시피를 제공하고 요리 칼럼을 연재한 저자가 실생활에서 자주 해 먹는 요리들을 담아내 더욱 믿음이 간다. 간단하고 실용적인 레시피로 매 끼니 힘들이지 않고 식탁을 차려보자.

김경미 지음 | 216쪽 | 188×245mm | 13,000원

바쁜 직장인에게 꼭 맞춘 일주일 식단
매일매일 맛있는 집밥
경제적이고 풍성한 식탁을 위한 요리 가이드북. 일 년 동안 먹을 수 있는 370여 가지 요리가 담겨 있다. 월별로 파트를 나누어 봄·여름·가을·겨울에 어울리는 제철 식품으로 만든 다양한 요리를 소개한다. 요일별로 아침, 저녁 식단이 있어 반찬 걱정 없이 고른 영양 섭취를 할 수 있다.

손성희 지음 | 288쪽 | 210×265mm | 14,000원

시간은 아끼고 영양은 높이고
5분 아침 식탁
아침밥을 챙기기 어려운 바쁜 현대인들을 위한 간단 아침식사 31가지. 여자영양대학의 교수진이 레시피를 개발해 영양 균형까지 고려했다. 미리 준비하면 좋은 채소 저장식, 가공식품, 소스 등도 함께 넣었다.

여자영양대학 지음 | 120쪽 | 180×230mm | 12,000원

우리 식탁엔 우리 음식
일주일 밑반찬 사계절 장아찌
주부들의 반찬 고민을 덜어주는 밑반찬 요리책. 장조림, 마른반찬, 깻잎장아찌 등 대표 밑반찬과 슬로푸드 장아찌, 새콤달콤한 피클, 입맛 살리는 젓갈 75가지가 담겨 있다. 만들기 쉽고, 전통의 맛을 살린 레시피가 가득하다.

최승주 지음 | 144쪽 | 210×265mm | 9,800원

내 몸에 약이 되는 우리 음식
우리몸엔 죽이 좋다
맛있고 몸에 좋은 건강죽을 담은 책. 우리 음식의 대가 한복선 요리연구가가 오랜 노하우를 담아 전통 죽은 물론, 현대인에게 필요한 영양죽, 약재를 넣어 건강을 되찾아주는 약죽 등을 소개한다.

한복선 지음 | 152쪽 | 210×265mm | 12,000원

최고의 브런치 카페에서 추천한 인기 메뉴 57가지
잇 스타일 브런치
대표 브런치 카페와 인기 브런치 레시피를 알려주는 카페 가이드북 겸 요리책. 브런치를 유행시킨 이태원 '수지스'를 비롯해, 유명 스타들의 단골 레스토랑 청담동 '퀸즈파크', 서촌의 명소 효자동 '카페 고희' 등의 브런치 레스토랑을 소개하면서 기본 브런치 메뉴에 대한 설명과 레시피를 자세히 알려준다.

리스컴 편집부 | 180쪽 | 180×260mm | 11,000원

영양사 엄마와 소아과 원장이 함께 차리는 영양밥상
우리 아이에게 꼭 먹이고 싶은 유아식
영양사 출신의 엄마와 소아과 원장이 함께 소중한 우리 아이를 위한 맛깔 나는 영양 만점 유아식을 완성했다. 아이의 건강을 위해 꼭 필요한 반찬부터 생일상 차리기까지 완벽한 유아식 레시피 120가지를 골고루 담았다.

박효선 지음 | 136쪽 | 190×230mm | 13,000원

내 몸이 가벼워지는 시간
샐러드에 반하다
영양을 골고루 담은 한 끼 샐러드, 간편한 도시락 샐러드, 저칼로리 샐러드, 곁들이 샐러드 등 쉽고 맛있는 샐러드를 담았다. 칼로리를 조절할 수 있도록 총칼로리와 드레싱 칼로리를 함께 표시한 것이 특징이다. 45가지 드레싱도 알려준다.

장연정 지음 | 168쪽 | 20×256mm | 12,000원

로푸드 다이어트 레시피 103
로푸드 디톡스
로푸드는 체내의 독소를 제거하고 면역력을 높여줘 자연스럽게 다이어트까지 이어지도록 한다. 로푸드 레시피 103개와 주스 펄프 사용법, 활용도 만점 드레싱 등 플러스 레시피가 수록돼 있어 로푸드가 낯선 사람이라도 어렵지 않게 시작할 수 있도록 돕는다.

이지연 지음 | 216쪽 | 210×265mm | 12,000원

내 몸을 건강하게 하는 1주일 디톡스 프로그램
프레시 주스 & 그린 스무디
신선한 과일과 채소로 만든 66가지 주스 레시피를 담은 책. 주스뿐만 아니라 재료의 영양이 살아있는 스무디, 원기를 충전해주는 부스터 샷까지 있어 건강과 맛을 동시에 챙길 수 있다.

펀 그린 지음 | 이지은 옮김 | 164쪽 | 170×230mm | 12,000원

맛있고 몸에 좋은 카페 스타일 드링크
홈메이드 천연 음료
온 가족의 입맛을 사로잡을 최고의 홈메이드 음료 레시피를 담았다. 첨가물 걱정 없는 진짜 100% 과일 채소 주스와 과육이 듬뿍 들어간 스무디, 패밀리레스토랑보다 맛있는 에이드 등 107가지 음료를 만날 수 있다.

이지은 지음 | 136쪽 | 190×245mm | 9,800원

천연 효모가 살아있는 건강 빵
천연발효빵
맛있고 몸에 좋은 천연발효빵을 소개한 책. 단순한 홈베이킹의 수준을 넘어 건강한 빵을 찾는 웰빙족을 위해 과일, 채소, 곡물 등으로 만드는 천연 발효종 20가지와 천연 발효종으로 굽는 건강빵 레시피 62가지를 담았다.

고상진 지음 | 200쪽 | 20×275mm | 13,000원

바쁜 사람도, 초보자도 누구나 쉽게 만든다
무반죽 원 볼 베이킹
누구나 쉽게 맛있고 건강한 빵을 만들 수 있도록 돕는 책. 61가지 무반죽 레시피와 전문가의 Plus Tip을 담았다. 이제 힘든 반죽 과정 없이 볼과 주걱만 있어도 집에서 간편하게 빵을 구울 수 있다. 초보자에게도, 바쁜 사람에게도 안성맞춤이다.

고상진 지음 | 200쪽 | 188×245mm | 14,000원

미니오븐으로 시작하는
쿠키·빵·케이크
초보자를 위한 미니오븐 베이킹 레시피 50가지. 바삭한 쿠키와 담백한 스콘, 다양한 머핀과 파운드케이크, 폼 나는 케이크와 타르트, 누구나 좋아하는 인기 빵까지 모두 담겨 있다. 베이킹을 처음 시작하는 사람에게 안성맞춤이다.

고상진 지음 | 144쪽 | 20×256mm | 12,000원

인기 디저트 카페의 스위트 레시피
달콤한 나의 디저트
분위기 좋은 카페와 맛있는 디저트를 소개하는 책. 디저트 카페의 주소, 찾아가는 방법, 영업시간, 메뉴에 대한 정보와 인기 디저트의 레시피를 공개해서 카페를 제대로 즐길 수 있도록 도와준다.

이미리 지음 | 184쪽 | 170×230mm | 12,000원

손님상에, 도시락에… 센스를 뽐내세요
과일 예쁘게 깎기
30여 가지의 과일과 채소를 예쁘고 먹기 좋게 깎을 수 있도록 소개한 책. 꽃·동물·나뭇잎 모양 등 60여 가지의 다양한 깎기와 모양내기 방법을 과정 사진과 함께 자세히 알려준다. 과일음료, 과일잼, 과일주 등 응용 요리도 담겨 있다.

구본길 지음 | 144쪽 | 190×230mm | 9,800원

알면 알수록 특별한 술
와인 & 스피릿
포도 품종과 지역별 특징, 고르는 법, 라벨 읽는 법, 마시는 법까지 와인의 모든 것을 자세히 알려주는 지침서. 소믈리에가 추천한 100가지 와인 리스트는 초보자도 와인을 성공적으로 고를 수 있도록 도와준다. 비즈니스에서 빼놓을 수 없는 양주에 대해서도 알려준다.

김일호 지음 | 216쪽 | 152×225mm | 12,000원

리스컴이 펴낸 책들

• 여행 | 에세이

꿈꾸는 청춘을 위한 공감 에세이
지금 여기, 그리고 나
오늘이 힘겹고 내일이 불안한 청춘에게 위로와 용기를 주는 그림 에세이. 지친 마음을 따뜻하게 다독이며, 스스로를 믿고 앞으로 나아가라고 말한다. 위로, 용기, 꿈, 시작 네 가지 주제를 담고, 모든 글에 감성적인 일러스트를 함께 실어 공감이 배가된다.
김나래 지음 | 192쪽 | 138×188mm | 13,000원

낯선 도시로 떠나 진짜 인생을 찾는 이야기
내가 누구든, 어디에 있든
낯선 도시 뉴욕에서 꿈을 살다 온 청춘의 이야기. 꿈, 희망, 행복, 친구, 여행 등을 담아낸 73개의 담백한 에피소드와 다양한 그림, 사진을 실었다. 이 책의 모든 그림들은 뉴욕에서 아트북을 출간할 정도로 감각적인 실력을 갖춘 김나래 작가가 직접 그렸다.
김나래 지음 | 240쪽 | 138×188mm | 13,000원

우근철 위로 에세이
그래도 괜찮아
1000여 장의 사진과 70개의 이야기로 험난한 시대를 사는 청춘들에게 따뜻한 공감을 선물하는 사진 에세이. 초청 개인전을 열 정도로 뛰어난 사진 실력을 갖춘 작가의 사진과 페이스북으로 수많은 사람들의 사랑을 받은 글이 이 책의 가치를 더욱 높여준다.
우근철 지음 | 200쪽 | 138×190mm | 13,000원

제주에서 만난 길, 바다, 그리고 나
나 홀로 제주
혼자 떠난 제주에서 만난 관광지, 맛집, 카페, 숙소 등을 소개한 책. 제주를 북서부, 북동부, 남동부, 남서부 네 개 지역으로 나눠 자세히 소개하고, 혼자 여행을 떠난 사람들이 알아두면 좋은 팁과 플리마켓, 오일장 등의 정보도 담았다.
장은정 지음 | 296쪽 | 138×188mm | 13,000원

한 손엔 차표를, 한 손엔 시집을
시가 있는 여행
현대인의 지친 마음을 달래줄 감성 여행 가이드북. 6개의 테마에 맞춰 이야기가 있는 감성 여행지 31곳을 소개하고, 여행지마다 고은, 이정준, 정채봉 등 국내 시인들의 시를 함께 수록했다. 마음에 닿는 시는 여행의 감상을 배가시킨다.
윤용인 지음 | 292쪽 | 153×223mm | 13,000원

• 인테리어 | DIY

쉬운 재단, 멋진 스타일
내추럴 스타일 원피스
직접 만들어 예쁘게 입는 27가지 스타일 원피스. 모든 원피스마다 단계별, 부위별로 자세한 과정을 일러스트로 설명해준다. S, M, L 사이즈로 나뉜 실물 크기 패턴도 함께 수록되어 있어 재봉틀을 처음 배우는 초보자라도 뚝딱 만들 수 있다.
부티크 지음 | 112쪽 | 210×256mm | 10,000원

트러블·잡티·잔주름 없는 명품 피부의 비결
홈메이드 천연화장품 만들기
피부를 건강하고 아름답게 만들어주는 홈메이드 천연화장품 레시피 북. 클렌저, 로션, 세럼, 팩, 보디 케어 제품, 비누, 목욕용품 등 고급스럽고 내추럴한 천연화장품 35가지가 담겨 있다. 단계별 사진과 함께 자세히 설명되어 있어 누구나 쉽게 만들 수 있다.
카렌 갈버트 지음 | 152쪽 | 190×245mm | 13,000원

집 구하기부터 배치, 수납, 인테리어까지
한 권으로 끝내는 신혼 인테리어
집 구하기부터 공간 배치, 수납, 가구 고르기, 인테리어 장식에 이르기까지 신혼집 인테리어의 모든 것을 알려주는 책. 남다른 감각이나 특별한 기술이 없어도 이 책에서 가르쳐주는 각 테마별 가이드라인을 하나하나 따라가다 보면 전체적으로 정돈된 멋진 인테리어가 완성된다.
카와카미 유키 지음 | 234쪽 | 153×214mm | 13,000원

작은공간을두배로늘려주는
정리와 수납 아이디어 343
'숨은 공간'을 활용하여 정리와 수납을 완성하도록 도와주는 책. 이 책에는 수납 전문가들의 노하우가 한가득 담겨있다. 기발한 아이디어를 사진으로 만나볼 수 있다. 다양한 사례를 접하다 보면 깔끔하게 정리하는 기술이 점점 눈에 들어올 것이다.
오렌지페이지 지음 | 128쪽 | 210×275mm | 10,000원

좁은 집 넓게 쓰는 인테리어 아이디어 54
집안을 확 바꾸는 수납의 기술
집 안을 어지럽히는 물건들을 쉽고 효율적으로 정리하는 수납 아이디어 북. 인테리어 전문가인 저자가 실제 사례를 바탕으로 다양한 상황에 적용할 수 있는 수납의 기술을 알려준다. 수납 방법을 한눈에 알 수 있는 그림이 특징이다.
카와카미 유키 지음 | 136쪽 | 170×220mm | 11,200원

• 건강

하루 15분
필라테스 홈트
필라테스는 자세 교정과 다이어트 효과가 매우 큰 신체 단련 운동이다. 이 책은 전문 스튜디오에 나가지 않고도 집에서 얼마든지 필라테스를 쉽게 배울 수 있는 방법을 알려준다. 난이도에 따라 15분, 30분, 50분 프로그램으로 구성해 누구나 부담 없이 시작할 수 있다.

박서희 지음 | 128쪽 | 215×290mm | 11,200원

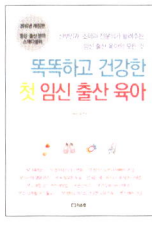

산부인과 의사가 들려주는 임신 출산 육아의 모든 것
똑똑하고 건강한 첫 임신 출산 육아
임신 전 계획부터 산후조리까지 현대를 살아가는 임신부를 위한 똑똑한 임신 출산 육아 교과서. 20년 산부인과 전문의가 인터넷 상담, 방송 출연 등을 통해 알게 된, 임신부들이 가장 궁금해하는 것과 꼭 알아야 것들을 알려준다.

김건오 지음 | 352쪽 | 190×250mm | 17,000원

아침 5분, 저녁 10분
스트레칭이면 충분하다
몸은 튼튼하게 몸매는 탄력있게 가꿀 수 있는 스트레칭 동작을 담은 책. 아침 5분, 저녁 10분이라도 꾸준히 스트레칭하면 하루하루가 몰라보게 달라질 것이다. 아침저녁 동작은 5분을 기본으로 구성, 좀 더 체계적인 스트레칭 동작을 위해 10분, 20분 과정도 소개했다.

박서희 지음 | 88쪽 | 215×290mm | 8,000원

언제 어디서나 갖고 다니며 펼쳐보는
임신 출산 핸디북
가방 속에 갖고 다니면서 볼 수 있는 작은 크기의 임신 가이드북. 임신 준비부터 출산 직후까지 8개 챕터로 나누어 임신부가 알아야 할 기본 상식을 차근차근 알려준다.

사라 조던·데이비드 우프버그 지음 | 서예진 옮김 | 240쪽 | 140×185mm | 12,000원

아기는 건강하게, 엄마는 날씬하게
소피아의 임산부 요가
임산부의 건강과 몸매 유지를 위해 슈퍼모델이자 요가 트레이너인 박서희가 제안하는 맞춤 요가 프로그램. 임신 개월 수에 맞춰 필요한 동작을 사진과 함께 자세히 소개하고, 통증을 완화하는 요가, 남편과 함께 하는 커플 요가, 회복을 돕는 산후 요가 등도 담았다.

박서희 지음 | 176쪽 | 170×220mm | 12,000원

초보 엄마가 꼭 알아야 할 육아 매뉴얼
사진으로 한눈에 익히는 0~12개월 아기 돌보기
초보 엄마 아빠에게 꼭 필요한 육아 가이드북. 출생 후 12개월까지 안아주기, 수유하기, 기저귀 갈기, 달래기, 목욕시키기 등 아이 돌보기의 모든 것이 풍부한 사진과 함께 상세히 설명되어 있어 쉽게 따라 할 수 있다.

프랜시스 윌리엄스 지음 | 112쪽 | 190×260mm | 10,000원

걷는 만큼 빠진다
워킹다이어트
슈퍼모델이자 퍼스널 트레이너인 김사라가 제안하는 걷기 다이어트 프로그램. 준비부터 기본자세, 운동 전후의 관리 등 걷기 다이어트의 모든 것을 알려준다. 전국의 걷기 좋은 곳도 소개되어 있다.

김사라 지음 | 136쪽 | 182×235mm | 12,000원

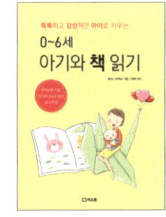

똑똑하고 감성적인 아이로 키우는
0~6세 아기와 책 읽기
태아 때부터 영유아기까지 아이의 나이와 상황에 맞는 책 읽기와 이야기 만들기, 아이와 교감하며 책 읽는 기술 등을 알려준다. 독서지도 전문가가 추천하는 책들은 물론, 내 아이를 주인공으로 하는 맞춤 이야기들도 소개되어 있다.

앨리슨 데이비스 지음 | 112쪽 | 190×260mm | 10,000원

젊음과 건강을 유지하는 방법
착한 비타민 똑똑한 미네랄
대부분의 현대인이 비타민·미네랄 결핍을 겪고 있다. 다들 한두 가지 영양제는 먹고 있지만 '대충' 먹는다. 같은 성분이라도 성별과 연령, 증상에 따라 먹어야 효과를 볼 수 있다. 이승남 박사가 제시한 맞춤처방전으로 젊음과 건강을 유지하는 방법을 배워보자.

이승남 지음 | 184쪽 | 152×255mm | 10,000원

엄마와 아기가 함께 하는 사랑의 스킨십
튼튼~ 쑥쑥~ 아기 마사지
전문가에게 직접 마사지를 받지 않아도 집에서 엄마의 손길로 해줄 수 있는 마사지 방법이 모두 소개되어 있다. 아기 몸의 특징, 베이비 마사지의 효과와 방법, 소화불량·식욕부진·변비 해소 등 아기의 다양한 증상별 마사지법이 담겨 있다.

야마다 미츠토시 지음 | 136쪽 | 140×185mm | 9,800원

캘리포니아 롤 & 스시

요리 | 전이혁, 강준원, 황성은,
　　　　윤찬원, 손승형, 김찬식, 김학수

사진 | 김해원

편집 | 김연주 이희진
디자인 | 양혜민 권원영
마케팅 | 이승순 이진목 박미진
경영관리 | 강미선

출력·인쇄 | 금강인쇄

초판 4쇄 | 2018년 4월 16일

발행인 | 이진희
발행처 | (주)리스컴

주소 | 서울시 강남구 광평로 295, 사이룩스 서관 1302호
전화번호 | 대표번호 02-540-5192
　　　　　　영업부 02-544-5193
　　　　　　편집부 02-544-5933 / 540-5944
FAX | 02-540-5194
등록번호 | 제2-3348
홈페이지 | www.leescom.com
블로그 | blog.naver.com/leescomm

Copyright ⓒ by Leescom
이 책의 저작권은 (주)리스컴에 있으며,
이 책에 실린 사진과 글의 무단 전재 및 복제를 금합니다.
잘못된 책은 바꾸어 드립니다.

ISBN 979-11-5616-011-3 13590
책값은 뒤표지에 있습니다.